Gustav Noske und die Revolution in Kiel 1918

Sonderveröffentlichungen
der Gesellschaft für Kieler Stadtgeschichte

herausgegeben von Jürgen Jensen

Band 64

Wolfram Wette

Gustav Noske und die Revolution in Kiel 1918

BOYENS

Umschlag: Unter Verwendung des Fotos auf S. 61.

Vorsatz vorn: Gustav Noske (mit Hut) spricht zu revolutionären Matrosen im Kieler Hafen, 29. November 1918, Foto: Stadtarchiv Kiel.

Vorsatz hinten: U-Boote im Kieler Hafen, 29. November 1918, Foto: Stadtarchiv Kiel.

BOYENS
BUCHVERLAG

ISBN 978-3-8042-1322-7

Herstellung: Boyens Buchverlag
Druck: Boyens Offset, Heide
Printed in Germany

Inhalt

III. Von Kiel nach Berlin

IV. Anhang

I. Noske als führender sozial- demokratischer Politiker der Kaiserzeit

Heute, nahezu ein Jahrhundert nach dem Ende des Ersten Weltkrieges, ist Gustav Noske fast nur noch den Historikern bekannt. Zu seinen Lebzeiten jedoch, also in der Zeit des Wilhelminischen Kaiserreiches, während der Novemberrevolution 1918/19 und in der Gründungsphase der Weimarer Republik, gehörte dieser sozialdemokratische Reichstagsabgeordnete zu den bekanntesten Persönlichkeiten im Lande. Als Oppositionspolitiker mit Kompetenz für militärpolitische Angelegenheiten hatte er sich einen Namen gemacht. Als es Anfang November 1918 in der Ostseestadt Kiel zu politischen Unruhen kam, die sich schon bald als das Signal zu einer reichsweiten Revolutionsbewegung erweisen sollten, entsandte ihn die Regierung der Volksbeauftragten in Berlin mit dem allgemeinen Auftrag nach Kiel, beruhigend zu wirken. Wie der aus Berlin angereiste Politiker diese Aufgabe anfasste, ist der Gegenstand der nachfolgenden Darstellung.

Man wird das politische Handeln Gustav Noskes in den Tagen der Kieler Revolution nicht angemessen verstehen können ohne einen Rückblick auf seine Herkunft und seine bisherige politische Laufbahn. Als Noske in das revolutionäre Kiel beordert wurde, war er bereits 50 Jahre alt, hatte eine mehr als dreißigjährige politische Erfahrung hinter sich und war daher in seinem politischen Denken und in seinen Verhaltensweisen weitgehend festgelegt.

Politischer Werdegang 1868 bis 1918

Gustav Noske wurde 1868 in Brandenburg an der Havel als Sohn eines Tuchmachers geboren. Er hatte einen Lebensweg, wie er für sozialdemokratische Politiker seiner Zeit typisch war.[1] Nachdem er die Bürgerschule absolviert hatte, machte er eine Korbmacherlehre. Gleichzeitig eignete er sich als Autodidakt eine breite Bildung an und engagierte sich früh in der sozialdemokratischen Arbeiterbewegung. Als 24-jähriger Holzarbeiter wurde er zum Vorsitzenden des Sozialdemokratischen Vereins in Brandenburg gewählt, der schon damals, 1892, auf die stolze Anzahl von 1000 Mitgliedern verweisen konnte. Seit 1897 – Noske war jetzt 29 Jahre alt – wirkte er in Königsberg und in Chemnitz als Kommunalpolitiker und als Redakteur sozialdemokratischer Zeitungen. 1906, mit 38 Jahren, kandidierte Noske erstmals für den Reichstag, und zwar im Wahlkreis Chemnitz/Sachsen. Er wurde auf Anhieb gewählt und behielt sein Mandat bis 1920, also 14 Jahre lang.

In der SPD-Reichstagsfraktion profilierte sich Noske gleich auf mehreren Feldern, nämlich in der Haushaltspolitik, in der Kolonialpolitik und in der Militärpolitik, teilweise sogar in Konkurrenz zu dem legendären SPD-Parteiführer August Bebel. Seit 1912, als die Reichstagswahlen die SPD-Fraktion zur stärksten im Parlament gemacht hatten, übte Noske die verantwortungsvolle und schwierige Funktion eines Koreferenten des Reichstages für den Marineetat aus. Vom Revisionismusstreit, der in diesen Jahren innerhalb der Sozialdemokratischen Partei ausgetragen wurde, hielt er sich fern. Theoretische Debatten lagen ihm nicht. Er galt seinen Kollegen und Genossen – und dies nicht zu Unrecht – als ein reformistischer Praktiker.

Schon vor 1914 hatte Gustav Noske auf mehreren SPD-Parteitagen zu erkennen gegeben, dass er sich – im Gegensatz zur Beschlusslage der Partei – ein Ja zur Landesverteidigung durchaus vorstellen könne, sollte Deutschland je Opfer eines Angriffs werden. Diese Positionierung stieß innerparteilich auf heftigen Widerstand, galt doch offiziell die von Bebel ausgegebene Parole „Diesem System keinen Mann und keinen Groschen!“, die eine Totalopposition signalisierte. Vor diesem Hintergrund konnte es nicht verwundern, dass Noske am Beginn des Weltkrieges 1914 ein überzeugter Befürworter der Bewil-

Abb. 1 Gustav Noske mit seiner Frau Martha, geb. Thiel, Aufnahme nach Juli 1891. Foto: Archiv der sozialen Demokratie, Bonn, Nachlass Noske, Teil II, F 81 1578.

ligung von Kriegskrediten war und dass er an dieser Linie unbeirrt bis zum Kriegsende festhielt. Gleichzeitig setzte er sich auch unter den schwierigen Bedingungen des Krieges als ein gestandener Demokrat, der er immer war[2], für eine Stärkung der Parlamentsbefugnisse ein.

In den Jahren 1916–1918 trat er als parlamentarischer Wortführer einer Kommission von Parlamentariern hervor, die von der Regierung eingesetzt worden war, um die Kriegslieferungen der Rüstungsindustrie zu überprüfen.[3] Es handelte sich bei dieser Tätigkeit um eine frühe Version von parlamentarischer Rüstungskontrolle. Der Abgeordnete Noske machte sich in dieser Kommission sehr verdient, indem er die Rüstungsgeschäfte durchleuchtete und die parlamentarischen Befugnisse zu dieser Überprüfung immer weiter ausdehnte. Während des Weltkrieges spielte er überdies eine wichtige Rolle als Ständiges Mitglied des Hauptausschusses des Deutschen Reichstages. Dieses Gremium war in den Kriegsjahren so etwas wie ein Ersatzparlament. Ihm gehörten die politischen Schwergewichte der im Reichstag vertretenen Parteien an.

Überblickt man Noskes politischen Weg während des Ersten Weltkrieges, so bietet sich das Bild eines Mannes, dessen oberste politische Leitlinie durchgängig lautete, die Sozialdemokratie fest in die nationale Front einzubinden. Es war seine Überzeugung, dass die Landesverteidigung in vollem Umfang auch den Interessen der Arbeiterschaft entsprach, die er politisch zu vertreten hatte. 1916 begrüßte er den Rausschmiss derjenigen Sozialdemokraten aus der Partei, die daran zweifelten, dass es sich wirklich um einen Verteidigungskrieg handelte, und die es daher von einem bestimmten Zeitpunkt an ablehnten, weitere Kriegskredite zu bewilligen. Mit der nun gegründeten Unabhängigen Sozialdemokratischen Partei Deutschlands (USPD) wollte er nichts zu tun haben. Mit seiner nationalen Einstellung zum Krieg schloss sich Noske weitgehend der offiziellen Regierungspolitik an. Dort, wo ihm dies nicht möglich war, opponierte er in gemäßigter Form, stets darauf achtend, dass die Erfordernisse der militärischen Landesverteidigung keine Beeinträchtigung erfuhren. Diese Politik war allerdings nicht, wie man vermuten könnte, die Folge einer opportunistischen Haltung Noskes, sondern sie entsprach seinen schon vor 1914 artikulierten, eigenen Überzeugungen.

Im letzten Kriegsjahr gehörte der – politisch auf dem rechten Flügel seiner Partei angesiedelte – Sozialdemokrat zu den Durchhaltepolitikern. Gelegentlich ging seine Unterstützung dieser Politik so weit, dass er die Friedenssehnsucht, die in der deutschen Bevölkerung seit 1916 weit verbreitet war und sich in der Folgezeit in großen Streikbewegungen unter der Parole „Frieden, Freiheit, Brot!" Luft machte, öffentlich verhöhnte. Für ihn war jetzt der von außen gefährdete deutsche Machtstaat der eigentliche Mittelpunkt seines politischen Denkens. Es fällt auf, dass Noske sich in den Kriegsjahren zu einem Politiker entwickelt hatte, der den Krieg zunehmend weniger als das Leiden und Sterben von Menschen zu sehen vermochte, sondern als eine nationalpolitische Auseinandersetzung, der man nicht entrinnen konnte. Damit hatte er sich von dem sozialen Umfeld, dem er entstammte, weithin entfremdet.

Von Kiel bis Kapp

von

Gustav Noske

Verlag für Politik und Wirtschaft, Berlin W. 35

Abb. 2 Bereits im Jahr 1920 publizierte der gelernte Journalist Noske seine Revolutionserinnerungen im Berliner Verlag für Politik und Wirtschaft.

II. Die Kieler Mission

In den letzten Tagen des deutschen Kaiserreichs, als die militärische Niederlage Deutschlands längst eine Tatsache war, was allerdings von vielen Deutschen systematisch verdrängt wurde, stand die große Frage auf der politischen Tagesordnung, was dem militärischen Zusammenbruch folgen sollte. In welchen Formen und mit welchen Zielen würde sich die allseits erwartete Neugestaltung der politischen und sozialen Verhältnisse Deutschlands vollziehen? In dieser wichtigen Phase der deutschen Geschichte stand der sozialdemokratische Politiker Gustav Noske zwei Monate lang im Brennpunkt des politischen Geschehens, nämlich in der Ostseestadt Kiel, wurde hier doch die Initialzündung zur revolutionären Umgestaltung des Deutschen Reiches gegeben.

Weshalb wurde der Reichstagsabgeordnete Noske, der aus dem sächsischen Wahlkreis Chemnitz stammte, in das revolutionäre Kiel entsandt? War der Mann, der soeben noch Durchhalteparolen ausgegeben und seine Partei davor gewarnt hatte, der Massenbewegung gegen den Krieg irgendwelche Konzessionen zu machen, plötzlich zu einem Sympathisanten der revolutionären Matrosen geworden? Oder lagen die Dinge ganz anders? Hielt er es mit seinem – politischen und persönlichen – Freund Friedrich Ebert, der einmal gesagt hatte, er hasse die Revolution wie die Sünde? Sollte Noske die revolutionäre Bewegung an ihrem Entstehungsort erdrosseln oder doch zumindest eindämmen?

Als Gustav Noske in den ersten Novembertagen in Kiel eintraf, konnte er kaum ahnen, dass die politische Rolle, die er dort spielen würde, auch für ihn selbst, für seine eigene politische Laufbahn, eine entscheidende Bedeutung erlangen würde. Im Rückblick betrachtet, markierte „Kiel" in Noskes Leben insoweit eine wichtige neue Station, als der sozialdemokratische Parlamentarier, dessen beratende Tätigkeit bislang, unter den verfassungsmäßigen Bedingungen des Kaiserreichs, kein sonderliches politisches Gewicht hatte, nunmehr in den Status eines Politikers überwechselte, desses Ämter mit Machtbefugnissen ausgestattet waren. Wie sich alsbald erweisen sollte, fühlte sich Noske jetzt in seinem Element. Von seiner „Kieler Mission" führt insoweit eine direkte Linie zu der späteren historischen Rolle als Volksbeauftragter für Heer und Marine beziehungsweise als Reichswehrminister in mehreren Reichsregierungen.[4]

Entsendung Noskes in den Unruheherd Kiel

Bekanntlich begann die Matrosenrevolution nicht in der Ostseestadt Kiel, sondern in Wilhelmshaven, an der Nordseeküste. Auf den dort liegenden Kriegsschiffen kam es am 29./30. Oktober 1918 zu Matrosenmeutereien, nachdem gerüchteweise bekanntgeworden war, dass die Marineführung einen eigenmächtigen Vorstoß gegen die englische Flotte plante, und dies zu einem Zeitpunkt, da der Abschluss eines Waffenstillstandes in greifbarer Nähe lag, der Krieg also praktisch zu Ende war, verloren war.[5] Die Matrosen zeigten keine Bereitschaft, sich in dieser Situation einem als sinnlos empfundenen Opfertod auszusetzen. Sie verweigerten den Gehorsam und setzten die Admiräle damit außerstande, ihren Plan in die Tat umzusetzen. Die Marineführung ihrerseits musste plötzlich begreifen, dass ihrer Befehlsgewalt Grenzen gesetzt waren. Um einen Ausweg aus der gespannten Lage zu finden, fasste sie nach einer kurzen Phase der Ratlosigkeit den Entschluss, die bei Wilhelmshaven liegenden Verbände der Hochseeflotte zunächst einmal auseinanderzuziehen, um sie auf diese Weise wieder unter Kontrolle bekommen zu können.

Damit wurde die Revolte nach Kiel importiert.[6] Denn auf Anordnung des Flottenchefs begab sich das III. Geschwader, in dem die Matrosenmeuterei ihren konsequentesten Verlauf genommen hatte, am 31. Oktober auf die Fahrt von Wilhelmshaven in die Ostseestadt, die der Heimathafen des Geschwaders war. An Bord der fünf Großkampfschiffe befanden sich mehr als 5000 Mann Besatzung, darunter auch 47 Matrosen, die der Geschwaderchef, Vizeadmiral Hugo Kraft, als Rädelsführer hatte festnehmen lassen. Diese Festsetzungen lieferten den direkten Konfliktstoff für die nächsten Tage, war doch wegen des schweren Vergehens der Meuterei um das Leben der verhafteten Matrosen zu fürchten.

Die Entwicklung von der Revolte zur Revolution nahm einen raschen Verlauf. Denn sobald das III. Geschwader am 1. November 1918 in Kiel angekommen war, suchten die Matrosen umgehend Kontakt mit den im Bereich der Ostseestation beheimateten Landmarineteilen sowie mit den örtlichen Gewerkschaften und den Politikern der Mehrheitssozialdemokratischen Partei Deutschlands (MSPD) und der USPD. Gemeinsam wurde für Sonntag, den 3. November, zu einer großen Demonstrationsversammlung aufgerufen. An ihr nahmen etwa 5000 bis 6000 Menschen teil, zumeist Matrosen. Als wichtigste Redner traten der Oberheizer Karl Artelt als Matrosenvertreter und der Kieler Gewerkschaftsvorsitzende Gustav Garbe auf.

Bei dem Protestmarsch durch die Kieler Innenstadt, der sich an die Demonstrationsversammlung anschloss, wurden die Demonstranten beschossen. Den Schießbefehl gab Reserveleutnant Oskar Steinhäuser, der vom Gouverneur, Admiral Wilhelm Souchon, die Weisung erhalten hatte, mit seinem 30 Mann starken Rekrutenzug den Demonstranten entgegenzutreten und rücksichtslos von der Schusswaffe Gebrauch zu machen.[7] Als Opfer des Gewaltakts zählte man sieben Tote und 29 Verletzte.

Diese „erste Salve“[8] rief in ganz Kiel eine ungeheure Empörung hervor. Sie führte zu einer breiten Solidarisierungswelle. Die unmittelbare Folge war, dass anderntags, am 4. November, neben den Mannschaften der Hochseeflotte auch die der Landmarineteile rebellierten und die Arbeiter der großen Germaniawerft sowie der Torpedowerkstatt die Arbeit niederlegten. Am Mittag desselben Tages schlossen sich die Mannschaften der 1. Torpedo-Division, in der der bereits erwähnte Oberheizer Artelt eine führende Rolle spielte, der Bewegung an, die nun schon den Charakter einer Aufstandsbewegung angenommen hatte. Tausende Matrosen bewaffneten sich aus den Waffenkammern ihrer Kasernen.

Am 4. November waren die revoltierenden Matrosen Kiels im Besitz der Macht. Teile der Kieler Arbeiterschaft hatten sich mit ihnen solidarisiert, und für den kommenden Tag (5. 11.) hatten die Arbeitervertreter Kiels den Generalstreik beschlossen. Am gleichen Tag wurde in der Torpedo-Division ein Soldatenrat gebildet und Karl Artelt zu seinem Sprecher bestimmt. Es war der erste Soldatenrat in der Geschichte der deutschen Revolution. Der Gouverneur, der seit der Verhängung des Kriegszustandes im Jahre 1914 die militärische und zivile Gewalt in seiner Hand vereinte, hatte keine militärische oder polizeiliche Formation mehr zur Verfügung, die ihm Gehorsam geleistet hätte. Die Marineoffiziere waren, da sie ihres Machtmittels, des Befehls mit Anspruch auf Gehorsam, verlustiggegangen waren, weitgehend von der Bildfläche verschwunden. Die Matrosenbewegung hätte angesichts dieser realen Machtverhältnisse ohne Weiteres den Gouverneur für abgesetzt erklären können.[9] Es gab jedoch weder ein klares, über den Tag hinausweisendes politisches Programm noch führende Persönlichkeiten, die den Weg zur konsequenten Ausnutzung der gewonnenen Machtpositionen aufgezeigt hätten. Bei einer spontanen, nur wenige Tage alten Massenbewegung konnte dies wohl auch gar nicht anders sein. Die Schaffung einer neuen politischen Organisation, nämlich die Wahl von Matrosenräten in den Marineteilen und von Arbeiterräten in den Fabriken, kam eben erst in Gang.

Das Reichsmarineamt und die Reichsregierung in Berlin wurden in den ersten Novembertagen durch beunruhigende, aber ziemlich unklare Nachrichten aus Kiel aufgeschreckt.[10]

Der erst wenige Tage zuvor als Gouverneur eingesetzte Admiral Wilhelm Souchon berichtete dem Reichsmarineamt am 3. November telegrafisch von „äußerst gefährlichen Zuständen" in Kiel, ohne jedoch die Regierung in vollem Umfang über die Unruhen aufzuklären.[11] Er sprach von einem zu befürchtenden Streik. Alarmierend musste jedoch der Schlusssatz der Depesche gewirkt haben: „Bitte, wenn irgend möglich, hervorragenden sozialdemokratischen Abgeordneten hierherzuschicken, um im Sinne der Vermeidung von Revolution und Revolte zu sprechen." Gleichzeitig teilte Souchon seiner vorgesetzten Dienststelle mit, er versuche „möglichst mit Regierungssozialisten zum Zwecke der Beruhigung zusammenzuarbeiten".[12]

Da waren sie also erstmals gefallen, die Worte „Revolte" und „Revolution". Am Nachmittag des 4. November begriff Souchon, dass aus der Meuterei eine Massenbewegung geworden war sowie dass das Gouvernement kaum mehr über eigene Machtmittel verfügte. Da schnelle Hilfe von außen nicht zu erwarten war, entschloss er sich, von dem zunächst eingeschlagenen Kurs einer gewaltsamen Konfrontation abzurücken und hinhaltende Verhandlungen mit den Matrosen einzuleiten, bis der von ihm angeforderte „hervorragende sozialdemokratische Abgeordnete" in Kiel eintreffen würde.

Wie kam der in Kiel noch wenig erfahrene Chef der Ostseestation, Souchon, auf die Idee, die Regierung um die Entsendung eines „Regierungssozialisten" zu bitten, damit dieser versuchte, was ihm selbst nicht gelungen war? Souchons Chef des Stabes, Konteradmiral Hans Küsel, gab hierauf später die Antwort, man habe seinerzeit die Hauptgefahr in der Haltung der Kieler Arbeiter und ihrer Führer gesehen und aus diesem Grunde geglaubt, ein sozialdemokratischer Abgeordneter könnte am ehesten beruhigend wirken.[13] Nun war dieser Schritt gewiss ungewöhnlich, musste er im Reichsmarineamt doch als klares Eingeständnis der Hilflosigkeit der führenden Militärs in der Ostseestation Kiel interpretiert und gewertet werden.

Tatsächlich hat diese Maßnahme Souchons, insbesondere sein Verzicht, gegen die meuternden Matrosen nach der „ersten Salve" auch weiterhin mit militärischer Gewalt vorzugehen, später massive Kritik hervorgerufen, und zwar sowohl aus den Reihen des Marineoffizierkorps als auch seitens der konservativen Geschichtsschreibung.[14] Es waren jedoch Souchon und Küsel, die rechtzeitig begriffen, dass eine politische Lösung des Konflikts gesucht werden müsse[15], da eine gewaltsame Konfrontation mit den Matrosen wegen fehlender eigener Machtmittel unmöglich und aussichtslos war.[16] Zugleich scheint der Gouverneur die politisch naheliegende Idee verfolgt zu haben, auf regionaler Ebene zu kopieren, was in Berlin seit Oktober 1918 durch die Regierung Prinz Max von Baden praktiziert wurde, nämlich die Zusammenarbeit mit den Mehrheitssozialdemokraten, die seitdem „Regierungssozialisten" genannt wurden. Souchon dachte also politisch und nicht bloß militärisch, und dies hatte er seinen Kritikern voraus.

Weitere Informationen über die Vorgänge in Kiel gingen der Regierung in Berlin durch den Vertreter der mehrheitssozialdemokratischen Partei in Kiel zu. Der MSPD-Parteisekretär für Schleswig-Holstein, Heinrich Kürbis, reiste am 3. November aus eigener Initiative in die Reichshauptstadt und berichtete dort seinem in der Regierung sitzenden Parteigenossen Staatssekretär Philipp Scheidemann – er war Ende Oktober 1918 als Staatssekretär ohne Portefeuille in die Regierung Max von Baden eingetreten – in großer Sorge über die Entwicklung in der Ostseestadt. Kürbis hatte selbst miterlebt, wie in Kiel auf die demonstrierenden Matrosen geschossen wurde. Von einer bevorstehenden Revolution machte er seinem Gesprächspartner in Berlin jedoch keine Andeutungen. Auch er befürchtete einen Streik der Werftarbeiter.[17] Kürbis' Anliegen war, ähnlich wie das Souchons – ob in Absprache mit ihm, ist nicht feststellbar, aber unwahrscheinlich –, dass die Regierung einen prominenten MSPD-Abgeordneten nach Kiel entsenden sollte[18], um beruhigend zu wirken.

Am 4. November tagte in Berlin das Kriegskabinett.[19] Der etwas verspätet eintreffende Marine-Staatssekretär Ernst Ritter von Mann überreichte Scheidemann „in größter Erregung" einen Stoß von Telegrammen, die zeigten, „dass die Lage in Kiel sehr schlimm war".[20] Ehe noch dem Kabinett, das mit anderen dringenden Arbeiten beschäftigt war und das sich mit den Vorkommnissen in Kiel nur ganz am Rande beschäftigte, vom Inhalt der Telegramme Mitteilung gemacht wurde, verließ Scheidemann den Sitzungssaal und rief in Gegenwart eines Offiziers den MSPD-Parteivorsitzenden Friedrich Ebert an, um ihn über seine Informationen aufzuklären. Scheidemann machte Ebert den Vorschlag, Noske nach Kiel zu schicken. Nach eigener Bekundung kam er auf diesen Gedanken, „weil Noske seit Jahren in der Budgetkommission die Marineangelegenheiten vertrat und immer mit Kiel Fühlung hatte".[21] Ebert war mit Scheidemanns Vorschlag einverstanden. Scheidemann rief daraufhin Noske an, schilderte ihm kurz, dass in Kiel „bedenkliche Dinge vorgekommen" seien, und bat ihn, er möge sich zu einer weiteren Rücksprache sofort in die Reichskanzlei begeben.[22]

Mit Noskes Funktion als langjährigem Marinereferenten argumentierte Scheidemann auch im Kabinett[23] und stieß damit bei Reichskanzler Prinz Max von Baden auf offene Ohren.[24] Schließlich war das Kabinett mit der Entsendung Noskes einverstanden. Es beschloss, es solle auch noch „ein Mann anderer Couleur mitgehen"[25], und wählte dazu den demokratischen Abgeordneten Conrad Haußmann aus.[26] Der Reichstagsabgeordnete der linksliberalen Fortschrittlichen Volkspartei war Mitglied des Reichstages seit 1890. Im Kabinett Prinz Max von Baden bekleidete er seit dem 14. Oktober 1918, also seit etwas mehr als zwei Wochen, wie Scheidemann den Posten eines Staatssekretärs ohne besonderen Geschäftsbereich.

Haußmann und Noske erhielten vom Reichskabinett den wenig klaren Auftrag, in Kiel „unter der Hand aufklärend zu wirken".[27] Haußmann verstand darunter, sie sollten den Gerüchten entgegentreten, dass die Marineführung eine Verzweiflungstat beabsichtigt habe.[28] Noske glaubte, seine Aufgabe bestehe darin, „zu verhüten, dass ein großer Werftstreik ausbreche".[29] Aus diesen unterschiedlichen Aussagen geht zumindest eines eindeutig hervor: Die Regierung konnte aus den bis zum 4. November eingegangenen Berichten nicht klar ersehen, was sich in Kiel wirklich abgespielt hatte und was sich aus den Unruhen möglicherweise entwickeln würde. Ihre beiden Abgesandten konnten daher nur sehr vage instruiert werden. Haußmann fuhr als Vertreter der Reichsregierung nach Kiel, Noske als Repräsentant der Sozialdemokratischen Partei.[30]

Scheidemann hatte Noske angedeutet, er würde wohl kaum länger als einen Tag von Berlin wegbleiben müssen.[31] Auch diese Bemerkung machte deutlich, dass man sich in Berlin von der „besorgniserregenden Lage" in Kiel kein genaues Bild zu machen vermochte. Noske selbst bestätigte, die Regierung hätte zu dieser Stunde von den Kieler Vorkommnissen „eine ganz unklare, unzutreffende Vorstellung" gehabt.[32] Während der Bahnfahrt von Berlin nach Kiel berichtete Kürbis den beiden Abgeordneten, was er von den Kieler Ereignissen wusste. Dabei kamen sie jedoch nicht weit. Denn im Zug spielte sich eine für deutsche Verhältnisse – auch in revolutionären Zeiten – nicht untypische Episode ab, die Gustav Noske in folgender Weise überlieferte: „Während wir Betrachtungen darüber anstellten, welche Situation wir in Kiel wohl vorfinden würden, entrüstete sich der Schaffner arg darüber, dass Kürbis, der eine Fahrkarte 3. Klasse hatte, bei Haußmann und mir im Abteil I. Klasse saß. Der Mann war nicht zu beruhigen und wollte den Sünder in Kiel bestraft sehen."[33]

Wie Conrad Haußmann in seinen Tagebuchaufzeichnungen berichtet, wurde Noske bei seiner Ankunft am Hauptbahnhof Kiel am 4. November um 19.30 Uhr „von aufrührerischen Matrosen mit Hochrufen empfangen".[34] Noske erinnerte sich an ein „brausendes Hurra" Hunderter Matrosen.[35] Was hatte dies politisch zu bedeuten, dass die revoltierenden Soldaten in

Abb. 3 Der sozialdemokratische Reichstagsabgeordnete Gustav Noske um 1912, Foto: Stadtarchiv Chemnitz, Bildarchiv Nr. 8729/I.

Kiel den ihnen höchstens dem Namen nach bekannten Sozialdemokraten Noske umjubelten und ihm, wie sich in der Folgezeit rasch zeigen sollte, ein fast uneingeschränktes Vertrauen entgegenbrachten? Der mehr als freundliche Empfang für Noske darf zunächst einmal als ein Indiz dafür gewertet werden, dass die revoltierenden Matrosen von Kiel keineswegs gegen die Regierung rebellieren wollten, sondern für sie.[36] Sie sahen in Noske, den „Berlin“ gesandt hatte – ganz gleich, ob die Regierung oder die Sozialdemokratische Partei –, „ihren Mann“.

Wie kam es dazu? Der Hintergrund war folgender: Die Kieler Matrosen, die mit ihrem Aufstand den Startschuss zur deutschen Revolution gaben, fühlten sich politisch im Recht. Sie glaubten, dass die Marineführung mit ihrem abenteuerlichen Plan, eine letzte Todesfahrt zu unternehmen, nicht etwa Regierungsbefehle ausführen wollte, sondern dass sie im Gegenteil auf eigene Faust die Friedensbemühungen der Regierung Max von Baden hatte durchkreuzen wollen. Daher hatten sie diesen Plan durch ihre Meuterei vereitelt. Insofern handelte es sich bei ihrer massenweisen Gehorsamsverweigerung um eine Meuterei, der die „Admiralsrebellion“[37] gegen die Reichsregierung vorausgegangen war. Sie, die Matrosen, hatten für die Regierung und in ihrem Sinne gehandelt, und Noske war der Vertreter dieser Regierung. Daher war Noske jetzt „ihr Mann“.

Die Matrosen konnten zu diesem Zeitpunkt nicht wissen, dass der Reichskanzler Max von Baden in Unkenntnis der wirklichen Vorgänge bereits den Entschluss gefasst hatte, die Offiziere der Hochseeflotte zu decken und sie gegen den Vorwurf in Schutz zu nehmen, sie hätten den Gehorsam gegenüber der Regierung verletzt. Ein in diesem Sinne gehaltenes Flugblatt des Reichskanzlers[38] wurde Admiral Souchon telegrafisch in Aussicht gestellt. Zu einer Verteilung dieses Flugblatts ist es dann allerdings nicht gekommen. Es wurde von den Ereignissen in Kiel überrollt.[39] Die Matrosen erfuhren daher nichts von der gegen sie gerichteten Politik der Regierung.

Man muss der Reichsregierung zugute halten, dass sie über den geplanten Vorstoß der Flotte zu diesem Zeitpunkt nur unzureichend informiert war. Staatssekretär von Mann sagte am 4. November im Kabinett, bei dem Gerücht, die Offiziere hätten die Absicht, „die Flotte zu vernichten, um sie nicht ausliefern zu brauchen", handele es sich um einen „Irrtum".[40] Er kündigte an, der Chef des Stabes der Hochseeflotte, Konteradmiral Adolf von Trotha, und wahrscheinlich auch der Chef der Seekriegsleitung, Admiral Reinhard Scheer, würden am 6. November vor dem Kriegskabinett erscheinen und Bericht erstatten.[41] Hierzu ist es dann allerdings nicht gekommen. Auch der mehrheitssozialdemokratische Parteivorsitzende Ebert[42] sprach in dieser Sache von einem „Gerücht". Erst sehr viel später, im Dolchstoß-Prozess von 1925, gab der Urheber des Plans, von Trotha, zu, dass die Flottenführung Ende Oktober 1918 tatsächlich einen eigenmächtigen Vorstoß gegen die englische Flotte unternehmen wollte, nach der Devise „lieber ehrenvoller Untergang als schmachvoller Frieden".[43] Noske sagte damals, 1925, mit der Aussage Trothas sei „zum erstenmal zugestanden worden, dass die Absicht eines großen Vorstoßes bestanden hat". Er fuhr fort: „In Kiel und Berlin ist mir 1918 und Anfang 1919, wenn ich über diese Frage gesprochen habe, nie ein solch klares Eingeständnis gemacht worden. Danach scheint die Einstellung der Mannschaft richtig gewesen zu sein, die meinte, es gehe jetzt in eine große Aktion hinein, bei der das Prestige der Flotte gewahrt werden soll."[44] In der Tat, die revoltierenden Matrosen vom Oktober und November 1918 hatten berechtigten Anlass zu glauben, dass sie gegen den Willen der Reichsregierung „verheizt" werden sollten.

Das ging auch aus den Recherchen Wilhelm Dittmanns hervor, der nach der Etablierung der Weimarer Republik von einem parlamentarischen Untersuchungsausschuss des Reichstages den Auftrag erhielt, sich anhand des amtlichen geheimen

Aktenmaterials Klarheit über die Vorgänge in der Marine im Oktober 1918 zu verschaffen. Er kam 1926 zu folgendem Ergebnis: „Der Flottenvorstoß der Admiräle war der Dolchstoß der Seekriegsleitung in den Rücken der parlamentarischen Regierung des Prinzen Max von Baden, die auf dem Boden der Bismarckschen Verfassung völlig legal gebildet worden war. Den Hoch- und Landesverrat der Admiräle durchkreuzte die Gegenaktion der Matrosen und Heizer für die verfassungsmäßige Regierung. Die Racheaktion der Admiräle, die nunmehr einsetzte, löste erst die revolutionäre Erhebung der Heizer und Matrosen aus, die zum Beginn der Revolution im Reiche wurde."[45] Aber dies war, wie gesagt, der Wissensstand von 1925 bzw. 1926, nicht der von 1918. Die revoltierenden Matrosen, die Noske am Abend des 4. November in Kiel stürmisch begrüßten, waren allerdings schon damals fest davon überzeugt, den wahren Sachverhalt zu kennen.

Zu den ersten persönlichen Eindrücken Noskes in Kiel gehörte das Bild bewaffneter Matrosen in den Straßen sowie vereinzeltes, aber offensichtlich zielloses Schießen. Auch gehörte dazu das Erlebnis, dass die revoltierenden Matrosen ihn, Noske, sogleich „als ihren Wortführer in Beschlag" nahmen, ohne ihn zuvor gefragt zu haben, was er von ihrem Verhalten eigentlich dachte.[46] Haußmann ist diese Umarmung offensichtlich nicht widerfahren. Eine halbe Stunde nach seiner Ankunft hielt Noske eine erste kurze Ansprache auf dem Kieler Wilhelmplatz, wohin ihn Artelt in einem Wagen gebracht hatte. Er forderte, nach eigenem Bericht, unter dem großen Beifall von Tausenden bewaffneter Soldaten, dazu auf, „Ordnung zu bewahren"[47], und stimmte damit sogleich den Grundton seiner Politik in den kommenden Wochen an. Vom Wilhelmplatz aus fuhr er, wahrscheinlich wiederum auf Veranlassung von Artelt, für kurze Zeit in das Kieler Gewerkschaftshaus, wo sich etwa 40 Matrosen und Arbeitervertreter eingefunden hatten, die über die Gründung eines Soldatenrats für die Gesamtgarnison diskutierten.[48] In dieser Versammlung, an der

*Abb. 4 Die örtliche Schleswig-Holsteinische Volks-Zeitung veröffent-
lichte am 5. November 1918 die „14 Kieler Punkte" des Soldatenrates.*

Noske nur kurze Zeit teilnehmen konnte, wurden dann in der Nacht zum 5. November die berühmt gewordenen Kieler „14 Punkte"[49] formuliert. Sie reichten von der aktuellen Forderung nach Freilassung sämtlicher Inhaftierter und politischer Gefangener über konkrete Vorstellungen zur sofortigen Reform des militärischen Dienstbetriebes bis hin zu politischen Forderungen nach freier Meinungsäußerung und nach Aufhebung der Briefzensur. Obwohl es sich also weniger um ein homogenes politisches Programm als vielmehr um eine Zusammenstellung recht unterschiedlicher Anliegen handelte, sollten die „14 Kieler Punkte" für die Revolution im ganzen Reich Bedeutung erlangen.

Vom Gewerkschaftshaus aus dirigierte Artelt die beiden Abgeordneten Haußmann und Noske ins Stationsgebäude, den Amtssitz des Gouverneurs, wo seit 21 Uhr eine für die aktuelle Entwicklung noch wichtigere Sitzung im Gange war. Souchon, der Gouverneur, hatte schon vor dem Eintreffen der telegrafisch angekündigten Regierungsvertreter weitere Zugeständnisse machen müssen. Er hatte der dringlichsten Forderung der Matrosenabordnungen entsprochen und die Gefangenen des III. Geschwaders freigelassen.[50] Dies bedeutete zu diesem Zeitpunkt einen entscheidenden Erfolg der Aufständischen. Ein weiterer, nicht weniger bedeutsamer Erfolg bestand darin, dass Souchon noch am Nachmittag des 4. November zusichern musste, dass die von ihm zur gewaltsamen Unterdrückung der Matrosenbewegung angeforderten Heeressoldaten wieder zurückgesandt und keine neuen Truppen gerufen würden.

Um diese Frage ging es auch in der Sitzung am Abend des 4. November im Stationsgebäude[51], an der neben Noske und Haußmann die FVP-Reichstagsabgeordneten Dr. med. Wilhelm Struve und Ferdinand Friedrich Hoff teilnahmen, der gesamte Stab der Ostseestation, einige Inspekteure, die Vertreter der Matrosenbewegung, Funktionäre der örtlichen sozialistischen Parteien und der Kieler Gewerkschaftssekretär Gustav Garbe, insgesamt 39 Personen. Es war eine denkwürdige Sitzung. Denn die anwesenden acht Admirale hatten, was für sie denkbar ungewohnt, aber charakteristisch für die aktuellen Machtverhältnisse war, den entschieden auftretenden Matrosendelegierten zuzuhören und im Übrigen zu schweigen. Die Verhandlungen wurden von den Politikern einerseits und den Matrosenvertretern andererseits geführt. Von den Militärs kam lediglich Souchon zu Wort. Die Matrosendelegierten trugen einige konkrete militärische sowie weitergehende politische Forderungen vor. Zunächst drängten sie auf erneute definitive Zusagen des Gouverneurs, dass die von ihm angeforderten Heerestruppen unverzüglich zurückzuschicken seien. Zu dieser Frage ergriff auch Noske das Wort.[52] Er erklärte, dass es, falls weitere Truppen in der Absicht herangezogen würden, die Bewegung einzudämmen, zum Blutvergießen kommen werde, was einen reichsweiten Streik der Arbeiterschaft auslösen könne. Noske stellte sich in diesem Punkt also hinter die Sprecher der Matrosenbewegung und erreichte damit, dass Souchon deren Forderung in vollem Umfang entsprach und aus der Sitzung heraus die nötigen Befehle erteilte. Noch in der Nacht vom 4. auf den 5. November sind dann tatsächlich alle in der Stadt befindlichen Heerestruppen aus Kiel abgezogen worden.[53]

Ein weiterer Punkt der Verhandlungen betraf den eigenmächtigen Plan der Flottenführung zum Auslaufen gegen England. Noske und Haußmann führten – ihrem Auftrag und ihrem mangelhaften Informationsstand entsprechend – aus, dass sie dem Gerücht, es sei „eine Verzweiflungstat der Marine beabsichtigt" (Haußmann), entgegentreten müssten. Noske war immerhin umsichtig genug, zu konzedieren, einzelne Offiziere könnten Gedanken geäußert haben, die ein solches Unternehmen vermuten ließen.[54]

Die politischen Forderungen der Matrosenbewegung formulierte ein Vertreter des Soldatenrats, wahrscheinlich Artelt. Nach ihm sprach der Kieler USPD-Vorsitzende, Lothar Popp.

Die von ihm aufgestellten „Mindestforderungen“ lauteten: 1. Beseitigung der Krone; 2. Abschaffung sämtlicher Monarchien in Deutschland; 3. freie Volksrepublik; 4. ein gerechtes Wahlrecht; 5. Pressefreiheit; 6. restlose Entlassung aller Gefangenen.[55] Diese Forderungen deckten sich weitgehend[56] mit denen der anwesenden Soldatenratsvertreter, die zudem die „Beseitigung des Militarismus“ gefordert hatten. Natürlich handelte es sich bei alledem um sehr weitgehende politische Vorstellungen, über die in Kiel nicht entschieden werden konnte. Auch Haußmann und Noske hatten ja keinerlei Legitimation, im Auftrage der Regierung Zusagen über die Gestaltung der künftigen politischen Verhältnisse in Deutschland zu machen.

Infolgedessen wurde über diese politischen Punkte auch gar nicht weiter diskutiert. Allerdings nahm Noske die erste der Forderungen Popps auf, indem er noch während der Sitzung im Stationsgebäude seiner Auffassung Ausdruck verlieh, dass der Matrosenbewegung nur unter einer Bedingung die Waffenniederlegung zugemutet werden könne: der Zusicherung des Rücktritts des Kaisers. Mit dieser sei ohnehin über kurz oder lang zu rechnen.[57] Haußmann seinerseits erklärte, er wolle sich in Berlin für die Freilassung der politischen Gefangenen einsetzen[58], und zwar auch für die in Celle und Köln inhaftierten. Außerdem richtete Noske an Haußmann die dringende Bitte, die Regierung sofort über den Ernst der Lage in Kiel zu unterrichten[59], was dieser auch tat.[60]

Die Matrosendelegation verfasste noch in der Nacht vom 4. auf den 5. November ein Flugblatt, in dem über das Ergebnis der Sitzung berichtet wurde.[61] Darin hieß es: „Kameraden! Der gestrige Tag wird in der Geschichte Deutschlands ewig denkwürdig sein. Zum ersten Male ist die politische Macht in die Hände der Soldaten gelangt. Ein Zurück gibt es nicht mehr! Große Aufgaben liegen vor uns. Aber damit sie erfüllt werden können, ist Einigkeit und Geschlossenheit der Bewegung notwendig [...] Die in später Abendstunde beim Generalgouvernement unter Beisein des sozialdemokratischen Abgeordneten Noske und des Staatssekretärs Haußmann erreichten Erfolge sind: 1. Haußmann nimmt unsere Forderungen an und verspricht beschleunigte Durchsetzung bei der Regierung. 2. Sofortiges Abbrechen sämtlicher gegen unsere Bewegung gerichteten militärischen Maßnahmen. 3. Hinwirken zum Einlaufen der Flotte. 4. Unter Mitwirkung des Arbeiterrates werden dem Soldatenrat die Akten der noch in Haft Befindlichen vorgelegt, um über deren Freilassung, mit Ausnahme der wegen unehrenhafter Handlungen Verurteilten, zu entscheiden. – In Ergänzung des Aktionsausschusses sind die Genossen Haase[62] und Ledebour telegrafisch hierhergerufen worden."

Nach einer unruhigen und kurzen Nacht, in der die Schießereien in Kiel nicht abrissen, reiste Staatssekretär Haußmann wieder nach Berlin ab, um der Regierung mündlich ausführlich Bericht zu erstatten.[63] Einer entsprechenden Verabredung mit Haußmann folgend sowie auf Bitten des Gouvernements blieb Noske in Kiel.[64] Ursprünglich ohne irgendwelche Regierungsvollmachten in die Ostseestadt gereist, eigentlich mehr als Beobachter der dortigen Vorgänge[65], wurde er vom Augenblick seiner Ankunft an, als er von den Matrosen vertrauensvoll empfangen wurde und dann sehr schnell begriff, wie die veränderten Machtverhältnisse in Kiel einzuschätzen waren, zum Handeln gedrängt. Innerhalb weniger Tage sollte es ihm dann gelingen, die entscheidenden Machtpositionen zu besetzen und zur zentralen Figur jener Stadt zu werden, von der das Signal zur deutschen Revolution von 1918/19 ausgegangen war.[66]

Abb. 5–8 oben links: Karl Artelt, oben rechts: Lothar Popp, unten links: Heinrich Kürbis, unten rechts: Gustav Garbe.

Fotos: 5–12: Slg. Klaus Kuhl (5), Staatsarchiv Hamburg 121–3 | Bürgerschaft | A17 (6), Stadtarchiv Kiel (7), Slg. Klaus Kuhl (8), Marineschule Mürwik (9, 10, 12), Stadtarchiv Kiel (11).

Abb. 9–12 oben links: Wilhelm Souchon, oben rechts: Adolf von Trotha, unten links: Conrad Haussmann, unten rechts: Wilfried von Loewenfeld.

Vorsitzender des Obersten Soldatenrates Kiel

Aufgrund des von den Gewerkschaften ausgerufenen Generalstreiks ruhte am 5. November 1918 in allen Kieler Betrieben und Werften die Arbeit vollständig. Nach Beratungen, die die ganze Nacht über angedauert hatten, wurde in den frühen Morgenstunden desselben Tages erstmals in Kiel ein Arbeiterrat gebildet. Er setzte sich aus den Obleuten der Kieler Großbetriebe sowie 14 Vorstandsmitgliedern der beiden sozialdemokratischen Parteien zusammen. Weiterhin gehörte ihm der Vorsitzende des Kieler Gewerkschaftskartells, Gustav Garbe, an, der zum Vorsitzenden des Arbeiterrats gewählt wurde.[67] Von den insgesamt 28 Personen des Rates waren 14 Mitglieder der MSPD und 11 der USPD.[68] Mit dieser in etwa paritätischen Besetzung wollten die beiden Parteien deutlich machen, dass sie gewillt waren, gemeinsam die Führung der Kieler Bewegung zu übernehmen. Bei den Mitgliedern des Arbeiterrates handelte es sich durchweg um erfahrene Gewerkschaftler und Kommunalpolitiker, die sich des Vertrauens der Kieler Arbeiterschaft sicher sein konnten.

Zur gleichen Zeit ging in den Kieler Marineformationen endgültig die Macht von den Offizieren auf die revoltierenden Matrosen über. Als Symbol des Umsturzes holten die Matrosen im Morgengrauen des 5. November auf allen im Hafen liegenden Schiffen die kaiserliche Kriegsflagge nieder und setzten stattdessen rote Flaggen.[69] Nur in einem einzigen Fall kam es seitens der Marineoffiziere zu energischem Widerstand. Auf dem Linienschiff „König" schoss dessen Kommandant Kapitän z. S. Karl Weniger einen Matrosen nieder, der die rote Fahne zu hissen versuchte; er wurde daraufhin selbst durch einen Schuss schwer verwundet. Zwei weitere Offiziere des Linienschiffes erlagen später ihren Verwundungen, die sie bei der Schießerei erhalten hatten.

Ein weiteres Symbol des Umsturzes war darin zu sehen, dass die Matrosen den Offizieren die Rangabzeichen abrissen und ihnen die Waffen abnahmen. Neben der Machtdemonstration handelte es sich dabei zugleich um eine Vorsorgemaßnahme. Denn es waren ständig Gerüchte in Umlauf, denen zufolge die Offiziere zu einem gewaltsamen Gegenstoß ansetzten.[70] Schießereien, denen kein Plan zugrunde lag, sondern die aus Nervosität resultierten, hielten den ganzen Tag über (5. November) an und riefen unter der Kieler Bevölkerung und den Konfliktparteien Verwirrung hervor. Wie sich nun zeigte, war der am Vortage gebildete Garnisons-Soldatenrat keineswegs in der Lage, die spontan handelnde Matrosenbewegung zu lenken und zu kontrollieren, obwohl er sogleich nach seiner Konstituierung verkündet hatte, dass er ab sofort die Befehlsgewalt über das gesamte Militärpersonal in Kiel beanspruche.[71]

Für Noske begann der Morgen des 5. November mit einem Besuch in den „Reichshallen", wo sich etwa 1000 Vertrauensleute der Arbeiterschaft versammelt hatten. Aus dem Bericht eines Matrosen, der dort gerade eine Rede hielt, erfuhr Noske von der Existenz eines Soldatenrates, der angeblich die ganze Stadt unter seiner Kontrolle habe. Noske erinnerte sich: „Der Bericht klang so klar und präzis, alle Anordnungen schienen so vorsorglich getroffen, dass ich beinahe etwas wie Respekt fühlte und mich für überflüssig hielt."[72] Nach dem Matrosen ergriff Noske selbst das Wort. Er gab der Versammlung einen kurzen Bericht über die nächtlichen Verhandlungen im Stationsgebäude. Sodann begab er sich auf die Suche nach dem Soldatenrat in das Gewerkschaftsgebäude. Dort herrschte ein reger Betrieb. Es wurden Ausweise ausgestellt, Gewehre verteilt, Informationen ausgetauscht. Aber die Leitung des Soldatenrats konnte Noske nicht entdecken, weder hier im Gewerkschaftshaus noch anderswo, was der Abgeordnete verständlicherweise als einen „unmöglichen Zustand" empfand.[73]

Nach Noskes eigenen Angaben wurde ihm im Verlaufe seines Suchens nach der „inzwischen sagenhaft gewordenen Leitung der Revolution" entweder von dem Matrosensprecher Artelt oder von dem Gewerkschaftssekretär und neugewählten Arbeiterrats-Vorsitzenden Garbe der Vorschlag unterbreitet, doch selbst vorläufig die Leitung der Geschäfte zu übernehmen.[74] Es ist jedoch durchaus denkbar, dass der Vorschlag von ihm selbst kam.[75] Zwar hatte er sich noch wenige Stunden zuvor für überflüssig gehalten, aber davon konnte jetzt nicht mehr die Rede sein, nachdem sich herausgestellt hatte, dass eine ordnende Leitung fehlte.

Um 13 Uhr fand auf dem Kieler Wilhelmplatz eine große Demonstrationsveranstaltung statt, an der mehrere Tausend Matrosen teilnahmen. Nach anderen Rednern erhielt Noske das Wort.[76] Er nutzte die Chance, sich ins Spiel zu bringen. Zunächst erklärte er, dass die Bewegung, an deren Entstehen er keinen Anteil gehabt habe, „von fester Hand geleitet werden müsse". Hiernach machte er die Mitteilung, er habe während des ganzen Vormittags niemanden finden können, der Anweisungen erteilt hätte. Eine Anzahl von Kameraden hätten ihn daher gebeten, als Vorsitzender des Soldatenrates vorerst die Interessen der Matrosen wahrzunehmen, falls diese das erforderliche Vertrauen zu ihm hätten. Noskes Vorschlag soll „brausende Zustimmung" gefunden haben.[77] Sie kam einer akklamatorischen Wahl gleich. Jedenfalls betrachtete sich der Reichstagsabgeordnete Noske fortan als Vorsitzender des für die gesamte Garnison Kiel zuständigen Soldatenrats.[78] Das war gewiss ein bemerkenswerter Tatbestand. Denn dem Obersten Soldatenrat stand nun mit Noske ein Zivilist vor, der vor noch nicht einmal 24 Stunden von Berlin nach Kiel angereist war.

So weit an diesem Tage zu sehen war, verfügte Noske damit bereits einen Tag nach seiner Ankunft über jene Machtposition, von der aus er die Weichen glaubte stellen zu können. Denn der Soldatenrat repräsentierte den von den revolutionären Matrosen getragenen und damit wichtigsten Anteil der Kieler Revolution, und er war ihr oberstes Machtorgan. Seit der Verkündung der „14 Kieler Punkte" am Morgen desselben Tages konnte der Soldatenratsvorsitzende die Befehlsbefugnis über die mehr als 50 000 in Kiel stationierten Soldaten beanspruchen. Da sie sich von den 14 Punkten ableitete, handelte es sich um eine Befehlsgewalt kraft revolutionären Rechts.

Es ist auf den ersten Blick schwer verständlich, weshalb die kraftvolle und in den letzten Tagen so erfolgreiche Kieler Matrosenbewegung nicht eine aus ihren eigenen Reihen kommende Persönlichkeit mit dem Vorsitz des Soldatenrats betraute und statt dessen spontan auf das politisch doch gewiss wenig wegweisende Angebot Noskes einging, die Bewegung „mit fester Hand" zu leiten. Es muss wohl so gewesen sein, dass Noske unter den Matrosen über einen beträchtlichen – aus seiner Parteizugehörigkeit resultierenden – Vertrauensbonus verfügte. Darüber hinaus dürfte es gerade den politisch weniger erfahrenen Matrosen ein Gefühl der Sicherheit vermittelt haben, dass sich nun ein reichsweit bekannter SPD-Abgeordneter, der als fähig und erfahren galt, an die Spitze der durch die Revolution geschaffenen Institution des Soldatenrats setzte und damit den Umsturz im Nachhinein legitimierte, nicht nur individuell, sondern als jemand, den man von „Berlin" gesandt hatte. Dass dieser Politiker von der Rolle des Soldatenrates eine andere Vorstellung hatte als die Matrosen, war diesen wohl nicht bekannt. Jedenfalls gab es gegen die Person Noskes am 5. November in Kiel nirgendwo Widerstand. Es fand sich nicht einmal ein Konkurrent[79], der ihm den Vorsitz im Soldatenrat streitig gemacht hätte. Auch Artelt, der in den vergangenen Tagen die wichtigste Triebfeder der Matrosenbewegung gewesen war, meldete jetzt keinen Führungsanspruch an.

Anlässlich seiner akklamatorischen Wahl zum Soldatenratsvorsitzenden fragte niemand danach, in welcher Weise Noske dieses Amt auszuüben gedachte. Für die Matrosen bestand der wesentliche Punkt wohl darin, dass Noskes Hineindrängen in die Verantwortung als Signal dafür aufgefasst wurde, dass sich ein prominenter Politiker auf den Boden des Umsturzes stellte und bereit war, ihn gegen alle Angriffe zu verteidigen. War dies richtig gesehen? Hatte der ‚rechte' Sozialdemokrat Noske tatsächlich die Absicht, auf den in Kiel im Rollen befindlichen Revolutionswagen aufzuspringen, um als Revolutionär in die Geschichte einzugehen? Oder wollte er lediglich sein organisatorisches Talent und seine Erfahrungen zur Verfügung stellen, um in den Umsturz etwas Ordnung hineinzubringen[80] und um die Matrosenbewegung kontrollieren zu können?

Die Antwort gab Noske selbst durch seine Handlungsweise. Unmittelbar nach seiner Wahl zum Soldatenratsvorsitzenden rief er die Vertrauensleute der einzelnen Kieler Formationen auf, sich um 16 Uhr im Stationsgebäude zu versammeln.[81] Dort hatte er sich von Konteradmiral Küsel einige Geschäftsräume zur Verfügung stellen lassen. Zu der Versammlung erschienen 50 bis 60 Matrosen. Aus ihnen wählte Noske selbst sieben bis neun Personen aus, die dann den neuen Soldatenrat bildeten. Bis auf Artelt handelte es sich dabei um Leute, die im bisherigen Verlauf des Umsturzes nicht hervorgetreten waren. Noske scheint bei der Zusammenstellung des Soldatenrats ganz willkürlich verfahren zu sein. Wie er selbst berichtet, wählte er Leute aus, „die mir den Eindruck machten, dass mit ihnen etwas anzufangen sei“[82], wobei er rückblickend bereitwillig eingestand, dass es mit seiner Menschenbeurteilung auf der Grundlage eines flüchtigen äußeren Eindrucks nicht besonders weit her war. Mehr noch als diese Verfahrensweise gibt jedoch zu denken, dass die von ihren Formationen gewählten Vertrauensleute sich dies bieten ließen und nicht auf einer ordentlichen Wahl der Soldatenratsmitglieder bestanden, wobei dann auch politische Auswahlkriterien zum Tragen gekommen wären. Offenbar war Noskes Autorität stärker als etwaige Bedenken dieser Art, was allerdings bedeutete, dass die Legitimation dieses neuen Soldatenrates denkbar gering war. Ebenso unverständlich ist der Tatbestand, dass sich der in der Nacht zuvor gebildete Soldatenrat von Noske augenscheinlich widerspruchslos beiseitedrängen ließ.

Sogleich nach seiner Konstituierung beriet der neue Soldatenrat unter der Leitung Noskes über seine Aufgaben und die zu treffenden Sofortmaßnahmen. Das Ergebnis der Beratungen wurde in einem Flugblatt[83] umgehend allen Soldaten der Kieler Garnison mitgeteilt. Es trug die Unterschriften Artelts und Noskes. Inhaltlich beschränkten sich die „Beschlüsse des Soldatenrats" auf ordnungspolitische Mitteilungen und Weisungen. Erstens wurde „allen Kameraden" zur Pflicht gemacht, „im eigensten Interesse" die Anordnungen des Soldatenrats „unbedingt und sofort" zu befolgen, wobei sich diese Weisungen durch „die Unterschrift des Vorsitzenden, des Abgeordneten Noske, und eines weiteren Mitglieds des Soldatenrats" legitimieren mussten. Zweitens ging es um die Regelung einer ordnungsgemäßen Verpflegung und Entlöhnung der Soldaten sowie um die Aufrechterhaltung des Arbeitsdienstes in lebenswichtigen öffentlichen Einrichtungen wie der Gasanstalt, dem Elektrizitätswerk und dem Bahnhof, von dem die Lebensmittelversorgung abhing. Drittens wurde angeordnet, dass jedes „zwecklose Schießen" zu unterbleiben habe, sowie, dass Zivilisten sofort alle Waffen bei der nächsten militärischen Dienststelle abzugeben hätten. Viertens erklärte sich der Soldatenrat für die Regelung der nötigen Sicherheitsdienste zuständig. Er ordnete an, dass Patrouillen nur auf Anordnung des Soldatenrats durchgeführt werden sollten. Weiterhin wurde in dem Flugblatt der einstimmige Beschluss des Soldatenrats mitgeteilt, „dass der militärische Sicherheitsdienst in der Ostsee voll aufrechterhalten wird". Damit bekannte sich der Soldatenrat für den nicht auszuschließenden Fall eines feindlichen Angriffs ausdrücklich zur Pflicht der Verteidigung. Die Aufforderung, „Ruhe und Ordnung auf den Straßen ist unbedingt zu wahren", zeigte das vordringliche Interesse Noskes, weiteres Blutvergießen zwischen den Kieler Konfliktparteien zu verhindern. Diese Beschlüsse der ersten Soldatenratssitzung unter der Leitung Noskes machten jedoch ebenso deutlich, dass dieser Rat offensichtlich nicht willens oder nicht fähig war, Direktiven für die weiteren Schritte in Richtung auf einen politischen und gesellschaftlichen Wandel zu geben. Der Aufruf war ganz auf das Bewahren der öffentlichen Ordnung zugeschnitten. Eine politische Perspektive bot er nicht.

Zur selben Zeit, als Noske in der Funktion des Soldatenratsvorsitzenden seine ersten Maßnahmen traf, drohte der revolutionären Bewegung in Kiel Gefahr von außen, und zwar nicht etwa vom Kriegsgegner, sondern von der Marineführung. Noch bevor das Kabinett in Berlin den Bericht Haußmanns über seine Eindrücke von der Kieler Entwicklung entgegennehmen und auf der Grundlage dieser Informationen eine politische Linie festlegen konnte, gab die an selbstherrliches Vorgehen gewohnte militärische Führung den Befehl zur gewaltsamen Niederschlagung des Kieler Aufstandes.[84] In einem Telegramm an das Kommando der Hochseestreitkräfte vom 5. November abends befahl die Seekriegsleitung, vorgeblich „im Einvernehmen mit der Regierung", in Wirklichkeit jedoch ohne jegliche Absprache mit dieser: „1. Jeder Widerstand ist sofort zu brechen, die Rädelsführer sind aufs strengste zu bestrafen. Mitläufer milde zu behandeln, Massenverhaftungen sind möglichst zu vermeiden. 2. Kriegsminister als Militär-Oberbefehlshaber hat die Operation gegen Kiel übernommen [...]. IX. Reservekorps absperrt Kiel zu Lande [...] 3. Hochseekommando sorgt sofort für völlige Absperrung Kiels nach See durch zuverlässige Streitkräfte." Mit diesem Befehl missachtete die Marineführung erneut in eindeutiger Weise den Primat der Politik. Das Reichsmarineamt unter dem Staatssekretär Vizeadmiral Ritter von Mann und die Admiralität wollten den Konflikt gewaltsam lösen, und zwar bevor die Reichsregierung andere Entscheidungen traf. Sie setzten ihre Gewaltpolitik auch noch am 6. und 7. November fort, inzwischen gegen den erklärten Willen der Reichsregierung.[85] Die Befehle gelangten schließlich nur deshalb nicht zur Ausführung, weil die erforderlichen „zuverlässigen Streitkräfte" nicht aufzutreiben waren.

Haußmanns Berichterstattung vor dem Kabinett erfolgte am 5. November abends.[86] Wie er in Kiel versprochen hatte, setzte er sich für die Hauptforderung der Matrosen, die Amnestie, ein und riet, keine Truppen in die Ostseestadt zu entsenden, weil sonst „Ansteckungsgefahr" bestünde. Der preußische Kriegsminister, Heinrich Scheüch, der Marineamts-Staatssekretär, Ritter von Mann, aber auch der Staatssekretär des Reichsschatzamtes, Siegfried Graf v. Roedern, und Staatssekretär Matthias Erzberger (Zentrumspartei) widersprachen Haußmann mit Entschiedenheit und rieten zu einer Absperrung Kiels zu Lande und zu Wasser, ganz wie es in dem Befehl der Marineführung bereits angeordnet war. Der sozialdemokratische Staatssekretär Philipp Scheidemann und der Zentrumspolitiker Adolf Gröber sprachen sich im Gegensatz hierzu wie Haußmann gegen einen harten Kurs aus. Angesichts dieser Fronten innerhalb des Kabinetts konnte eine Entscheidung der Frage, ob auf die Kieler Ereignisse mit rigoroser Gewaltanwendung oder aber mit Verhandlungsbereitschaft zu reagieren sei, nicht zustande kommen. In dieser verfahrenen Situation drohte Haußmann für den Fall, dass das Kriegskabinett eine weitgehende Amnestierung der Matrosendelinquenten ablehnte, seinen Rücktritt an.[87]

Kurz nach Beendigung der Kabinettssitzung am Abend des 5. November griff Noske in einem Telefongespräch mit Vizekanzler Friedrich von Payer in die Kontroverse ein.[88] Er warnte dringend davor, mit Waffengewalt gegen die Aufständischen vorzugehen: „Es würde nur ein Blutbad geben. Die 40 000 Mann, um die es sich handele, könnten nicht überwältigt werden, und der Versuch würde jede Verständigung unmöglich machen." In einem weiteren Telefonat, das er mit Ritter von Mann führte, wiederholte Noske ultimativ die Amnestieforderung und drohte für den Fall der Nichterfüllung mit seiner Abreise aus Kiel.[89] Weiterhin erklärte er, der Rücktritt oder die Abdankung des Kaisers sei „unbedingt notwendig".[90]

Mit diesen entschieden vorgetragenen Forderungen hat Noske ohne Zweifel die Interessen der Kieler Matrosenbewegung gegenüber der Regierung und der Marineleitung konsequent vertreten und erheblich dazu beigetragen, dass die Politik der Gewaltanwendung gegen Kiel von außen her nicht weiterverfolgt wurde. Denn als am Morgen des 6. November das Kriegskabinett erneut zusammentrat, wurde unter dem Eindruck der Berichte Noskes über die Lage in Kiel der Vorschlag Haußmanns vom Vortage, auf Gewalt zu verzichten und stattdessen zu verhandeln, angenommen.[91] Ebenso wurde nun der Amnestieforderung zugestimmt. Bei der Entscheidungsfindung hatten – neben den Vorstellungen Noskes – neu eingegangene Informationen eine Rolle gespielt, denen zufolge auch in anderen Küstenstädten, nämlich in Lübeck, Schwerin und Cuxhaven, Unruhen auszubrechen drohten.

Ob und in welcher Weise Noske den Versuch machte, den man in Berlin von ihm erwartete, nämlich die Ausweitung der Revolution über Kiel hinaus zu verhindern, ist nicht bekannt.[92] Er hatte darauf auch nur wenig Einfluss. Denn schon vor seinem Eintreffen in der Ostseestadt hatte der Kieler USPD-Vorsitzende Lothar Popp kleine Gruppen zuverlässiger Matrosen in mehrere Städte des Reichs, auch nach Berlin, entsandt, die über die Kieler Ereignisse berichten und den Funken der Revolution weitertragen sollten.[93] Die Presse hat ihren Teil dazu beigetragen, Informationen über die Vorgänge in Kiel reichsweit zu verbreiten. So kam es im Gefolge der Kieler Revolution zwischen dem 5. und 7. November 1918 in vielen Städten Norddeutschlands zu Demonstrationsstreiks sowie zur Bildung von Arbeiter- und Soldatenräten: in Lübeck, Hamburg, Wismar, Schwerin, Rostock, Flensburg, Rendsburg, Cuxhaven, Wilhelmshaven, Bremen, Braunschweig und Köln.

Am 6. November teilte Scheidemann Noske telefonisch den Beschluss des Kabinetts mit, dass auf Gewaltmaßnahmen gegen Kiel verzichtet und die geforderte Amnestie gewährt werden solle.[94] Die politischen Forderungen der Matrosen dagegen könnten nicht erfüllt werden. Dies stünde allein dem Reichstag zu. Die Kaiserfrage sei noch in der Schwebe. Gleichzeitig brachte der sozialdemokratische Staatssekretär zum

Ausdruck, was die Reichsregierung zumal im Hinblick auf die bevorstehenden Waffenstillstandsverhandlungen von Noskes Kieler Mission erwartete, nämlich nichts anderes als die schleunige Wiederherstellung von Ruhe und Ordnung.

Solchermaßen wenigstens teilweise durch die Berliner Regierung bestätigt, trat Noske gleichentags (6. November 1918) vor die im Stationsgebäude versammelten Vertrauensleute der Kieler Matrosen, um sie von der Notwendigkeit einer baldigen Rückkehr „zu einem ordnungsmäßigen Zustand" zu überzeugen.[95] Er berichtete über die Kabinettsbeschlüsse – Verzicht auf Einsatz von Gewalt gegen Kiel und Amnestiegewährung – und stellte in Aussicht, dass auch die in den „14 Punkten" enthaltenen politischen Reformforderungen in Bälde erfüllt würden. Der Schilderung Noskes[96] zufolge waren sowohl die Vertrauensmänner als auch die anwesenden liberalen Abgeordneten Ferdinand Friedrich Hoff und Dr. Wilhelm Struve[97] von seiner Rede sichtlich beeindruckt.

In den folgenden Stunden verdichteten sich in Kiel Gerüchte über die Ausbreitung der Umsturzbewegung in anderen Küstenstädten, wenn nicht im ganzen Reich. Diese neue Situation war nach Noskes eigenen Angaben der Beweggrund für ihn, sein bisheriges „Lavieren" aufzugeben und „die Zügel fest in die Hand zu nehmen".[98] Er entschloss sich nun, das in der Vergangenheit mit den größten Machtbefugnissen ausgestattete Amt des Gouverneurs anzustreben. Wahrscheinlich versprach er sich von dieser Position die Chance, nicht nur die Soldaten offiziell und de jure seiner Befehlsbefugnis zu unterstellen, was der Soldatenratsvorsitz freilich de facto bereits mit sich gebracht hatte, sondern auch die zivile Verwaltung in den Griff zu bekommen. Bei den damaligen politischen Kräfteverhältnissen in Kiel – die reale Macht lag beim Soldaten- und beim Arbeiterrat, und der militärische Gouverneur war faktisch aller Einflussmöglichkeiten verlustig gegangen – stellte dieses Ansinnen Noskes einen bedeutsamen Schritt dar, dessen politische Tragweite nicht unterschätzt werden sollte.

Denn der binnen weniger Tage zum „starken Mann" von Kiel avancierte Abgeordnete startete damit den Versuch, die Macht von einem revolutionären Gremium auf eine traditionelle Instanz zurückzuverlagern.[99]

Der sozialdemokratische Reichstagsabgeordnete als Kieler Gouverneur

Während des Weltkrieges hatte der Gouverneur von Kiel eine „halbabsolutistische Machtstellung"[100] inne, die sich rechtlich auf das preußische Belagerungszustandsgesetz aus dem Jahre 1851 in Verbindung mit dem Artikel 68 der Reichsverfassung von 1871 gründete.[101] Nach diesen Bestimmungen wurde der militärische Chef der Marinestation der Ostsee – mit Sitz in Kiel – mit der Verhängung des Kriegszustandes am 31. Juli 1914 zum Gouverneur ernannt. Dies bedeutete, dass in seiner Hand neben den Aufgaben des Militärbefehlshabers[102] auch die Befugnisse eines Chefs der zivilen Verwaltung lagen. Letztere Kompetenz kam insbesondere bei der Aufrechterhaltung der öffentlichen Sicherheit zum Tragen. Der Gouverneur war zugleich Chef der Polizei. Da er dem Kaiser unmittelbar unterstand – eine Konsequenz aus der kaiserlichen Kommandogewalt –, galt er auch politisch als Exponent des Kaiserreichs in Kiel. Seine Kompetenzen waren kaum beschnitten.

Diese traditionellen – ihm wohlbekannten – und nicht nur die aktuellen Machtbefugnisse hatte Noske im Auge, als er sich, drei Tage nach seiner Ankunft in Kiel, für die Position des Gouverneurs interessierte. Wie stellte er es an, seinen Plan in die Tat umzusetzen? Im kleinen Kreis von Kieler Parteiführern, die der MSPD wie der USPD angehörten, wurde am Abend des 6. November ausgehandelt, dass Noske in einer für den Nachmittag des 7. November geplanten Versammlung der Soldatenräte für den Gouverneursposten vorgeschlagen und als

Gegengewicht der USPD-Vorsitzende Lothar Popp zum Vorsitzenden des Soldatenrats gemacht werden sollte.[103] So geschah es. Popp unterbreitete der Versammlung den Vorschlag, „den jetzigen Gouverneur abzusetzen, damit das Verwaltungsrad endlich in Bewegung komme“, und Noske als neuen Gouverneur einzusetzen, woraufhin dieser einstimmig gewählt wurde.[104] Um das bisherige Verfahren, dass der Gouverneur entweder vom Kaiser persönlich oder – in seinem Auftrag – vom Reichsmarineamt eingesetzt wurde, kümmerte sich der Soldatenrat überhaupt nicht. Er nahm sich das Recht, den Gouverneur zu wählen. Popps Wahl zum Soldatenratsvorsitzenden ging ebenso glatt über die Bühne.

Der Kieler USPD-Vorsitzende scheint in der Vorstellung befangen gewesen zu sein, dass der Soldatenrat die eigentliche Machtzentrale sei, während Noske in anderer Einschätzung der Möglichkeiten der Machtausübung den Soldatenratsvorsitz gerne gegen den Gouverneursposten eintauschte. Tatsächlich sprach zunächst manches für Popps Überlegungen. Denn seit dem 5. November konnte der Gouverneur ohne Gegenzeichnung des Soldatenrats keinen Befehl erlassen, und die Kieler Verwaltung stand in gleicher Weise unter der Kontrolle des Arbeiterrates. Es wäre in diesen Tagen ein Leichtes gewesen, den Gouverneur wie auch den Kieler Oberbürgermeister einfach davonzujagen und ihre Kompetenzen vollständig auf den Arbeiter- und den Soldatenrat zu übertragen. Popp konnte also glauben, dass er Noske aus dem Zentrum des Geschehens abdrängte, indem er ihm den Gouverneursposten überließ. Worin er sich verkalkulierte, war, dass Noske es verstand, den Gouverneursposten alsbald wieder zur einflussreichsten Stellung in Kiel zu machen. Er war von Anfang an die politisch dominierende Persönlichkeit, und Popp hatte eigentlich nie eine Chance, den Konkurrenzkampf gegen ihn erfolgreich aufzunehmen.

Wie reagierte die Kieler Marineführung auf Noskes Wahl zum Gouverneur? Der noch amtierende Gouverneur Admiral

Souchon war keineswegs schockiert, sondern zeigte sich sogar erfreut angesichts der ihm durch Noske eröffneten Aussicht, sein derzeit so schwieriges Amt abtreten zu können. Er räumte widerspruchslos seinen Stuhl und telegrafierte an das Reichsmarineamt: „Ausübung der Gouverneursbefugnisse durch Abgeordneten Noske bietet einzige Aussicht, die Erhebung in ruhige Bahnen zu leiten. Meine Person dafür hinderlich. Bitte um Anerkennung dieser Auffassung der Lage."[105] Das Reichsmarineamt erklärte sich am 8. November „mit kommissarischer Übernahme der Leitung der Marineangelegenheiten in Kiel durch Noske einverstanden".[106] Doch dies war aus Noskes Sicht eher eine Formalität. Er trat sogleich in Aktion, ohne die Bestätigung aus Berlin abzuwarten.

Die erste Maßnahme lautete, die Bürger und Soldaten Kiels über die veränderten Führungsverhältnisse zu informieren. Mangels besserer Möglichkeiten geschah dies mittels eines Flugblatts, das Noske mit der provisorischen Amtsbezeichnung „Kommissar für Marinesachen in der Ostsee" unterschrieb.[107] In dem Flugblatt wurde der Rücktritt Souchons von den Geschäften des Gouverneurs mitgeteilt. Es folgte dessen letzte Weisung an die Offiziere. Souchon warnte sie vor sinnlosem Widerstand, der lediglich zu nicht wiedergutzumachendem Blutvergießen führen würde, und empfahl die Anerkennung der neuen Machtverhältnisse.

Indem der Admiral mitteilte, er habe den Soldatenrat von der Bereitwilligkeit der Offiziere und Beamten in Kenntnis gesetzt, „ihre Arbeitskraft und Sonderkenntnisse der Bewältigung der gemeinsamen Aufgabe zur Verfügung [zu] stellen, die in der Aufrechterhaltung der Ordnung des laufenden Betriebes der allgemeinen Sicherheit besteht"[108], gab er praktisch die Weisung, mit dem Soldatenrat zusammenzuarbeiten. Als konkrete organisatorische Maßnahmen ordnete Souchon an, jedes Offizierkorps solle einen Vertrauensmann namhaft machen, „um ein gemeinsames Zusammengehen auf der Grundlage gegenseitigen Vertrauens zu erleichtern".[109] Es ist nicht

Nr. 1. Kiel, den 7. November 1918.

Gouvernements-Tagesbefehl.

Ich bin mit dem heutigen Tage einstimmig von den Vertrauensleuten sämtlicher sich der neuen Richtung angeschlossenen militärischen Formationen zum Gouverneur gewählt worden und habe die Geschäfte als solcher mit gleichem Zeitpunkt übernommen.

Mir zur Seite steht der „Oberste Soldatenrat des Befehlsbereichs der Ostseestation." Dieser setzt sich zusammen aus 5 Mitgliedern, welche aus den von den Vertrauensleuten der Truppen gewählten Obmännern hervorgegangen ist.

Ich treffe meine Anordnungen in militärischen Angelegenheiten im Einvernehmen mit diesem Obersten Soldatenrat.

1. Sicherungsdienst.

Der gesamte Sicherungsdienst im Bereich des Gouvernements wird in vollem Maße wieder aufgenommen und von den Kommandanturen weitergeführt Die Kommandanturen haben das Weitere zu veranlassen und einen entsprechenden Befehl umgehend auszugeben.

2. Verwaltungs-Angelegenheiten.

Gehaltszahlung, Löhnung und Bekleidungswirtschaft wird in der bisherigen Weise geregelt. Die Verpflegung ist eine einheitliche.

3. Dienstregelung.

Militärischer Dienst findet nicht statt mit Ausnahme des üblichen Wach-, Verwaltungs- und Sanitätsdienstes. Kameraden, die nicht oder noch nicht mit Waffen ausgebildet sind, sind nur zu solchen Arbeiten zu verwenden, die im Interesse unseres Allgemeinwohls erforderlich sind.

4. Urlaub.

Garnisonurlaub ist für alle Kameraden in weitgehendstem Maße zu erteilen und von den zuständigen Dienststellen im Einvernehmen mit den Vertrauensleuten selbständig zu regeln.

Über Heimatsurlaub folgt noch besondere Anweisung.

Urlaubskarten. Bis zum Zapfenstreich sind keine Urlaubskarten erforderlich Diese Regelung gilt für alle Kameraden.

5. Waffentragen.

Sämtlichen nicht im Sicherheitsdienst befindlichen Kameraden ist das Waffentragen verboten.

6. Vorgesetztenverhältnis.

Die Kameraden, welche Dienstgrade inne haben sind nur im Dienst Vorgesetzte. Die Anrede in der dritten Person fällt fort.

7. Personalmeldung.

Bis zum 10. ds. Mts sind von sämtlichen Dienststellen (auch Lazaretten) a. d. D. Meldungen über Anzahl der Iststärke getrennt nach dem Bestand vom 2. und vom 13. November an den Soldatenrat einzureichen, damit die Zahl der fehlenden Mannschaften festgestellt werden kann. Heimatsbeurlaubte sind besonders anzuführen.

8. Ärztliches.

Eine ärzliche Untersuchung sämtlicher Kameraden ist beschleunigt durchzuführen und eine entsprechende Meldung nach Veranlassung dem Obersten Soldatenrat vorzulegen.

Kameraden! Eingedenk unserer großen Sache ist es Pflicht eines jeden von uns, mit vollster Hingabe im Interesse unseres Landes und unseres Volkes, dem wir Freiheit und Gedeihen für die Zukunft sichern wollen, mitzuwirken!

Dieser Befehl ist sofort durch die Vertrauensleute allen Kameraden bekannt zu geben.

Einverstanden. gez. **Noske.**

Der Oberste Soldatenrat.

Abb. 13 Noskes erster Tagesbefehl als Kieler Gouverneur, aus: Bundesarchiv – Militärarchiv, Freiburg, RM 31/v. 2394, Bl. 2.

auszuschließen, dass der neue Gouverneur Noske dem abtretenden Admiral bei der Formulierung dieser seiner letzten Weisung zur Seite gestanden hat.

In der Nacht vom 7. auf den 8. November, also ebenfalls noch vor seiner förmlichen Bestätigung im Amt durch die Berliner Regierung, erließ Noske seinen ersten Gouvernements-Tagesbefehl, den er gemeinsam mit dem Obersten Soldatenrat verfasst hatte.[110] Darin wurde den Angehörigen der Garnison Folgendes mitgeteilt: „Ich bin mit dem heutigen Tage einstimmig von den Vertrauensleuten sämtlicher sich der neuen Richtung angeschlossenen militärischen Formationen zum Gouverneur gewählt worden und habe die Geschäfte als solcher mit gleichem Zeitpunkt übernommen. Mir zur Seite steht der ‚Oberste Soldatenrat des Befehlsbereichs der Ostseestation'. Dieser setzt sich zusammen aus fünf Mitgliedern, welche aus den von den Vertrauensleuten der Truppen gewählten Obmännern hervorgegangen sind. Ich treffe meine Anordnungen in militärischen Angelegenheiten im Einverständnis mit diesem Obersten Soldatenrat." In acht Einzelpunkten wurden Weisungen erteilt, die den innermilitärischen Bereich betrafen. Der Tagesbefehl schloss mit dem allgemein gehaltenen Aufruf, an „unserer großen Sache" mit vollster Hingabe mitzuwirken. Wie es politisch weitergehen sollte, konnte daraus niemand ableiten. Noskes primäres Bestreben war es offensichtlich, mittels dieses ersten Befehls in seiner neuen Eigenschaft als Gouverneur seine eigene demokratische Legitimation darzulegen und den Matrosen zu versichern, dass er mit dem Soldatenrat zusammenarbeiten werde.

Noch an demselben Tage, an dem er von den Soldatenräten zum Gouverneur gewählt wurde, musste Noske auch auf einem anderen politischen Feld tätig werden. Er erfuhr nämlich von der Absicht des Kieler Arbeiterrats, unverzüglich die Republik Schleswig-Holstein auszurufen und eine provisorische Provinzialregierung zu proklamieren.[111] Obwohl Noske wusste, dass der Arbeiterrat – paritätisch zusammengesetzt aus

Mitgliedern der MSPD und der USPD – alles andere als ein radikales Gremium darstellte, widersetzte er sich dessen Vorhaben. Wahrscheinlich war er der Ansicht, dass die Einführung der Republik auf gesetzlichem Wege vor sich gehen müsse. Tatsächlich wich nun der Arbeiterrat zurück und Noske setzte sich durch. Ersatzweise wurden dann Beigeordnete in die Büros der obersten Provinzialorgane entsandt. Dabei handelte es sich meist um erfahrene Kommunalpolitiker, die der MSPD angehörten. Vergleicht man den Vorgang mit der Entwicklung in der Reichshauptstadt, wo Philipp Scheidemann zwei Tage später von sich aus die Republik ausrief, so stand sein Parteifreund Noske in Kiel als ein übervorsichtiger Politiker da, der vor diesem Schritt zurückschreckte. Noske hatte es in der Hand, in Kiel zusammen mit dem Arbeiterrat ein republikanisches Signal zu setzen. Er ist diesen Schritt nach vorn jedoch nicht gegangen und hat seine eigenen Genossen in ihrem Tatendrang gebremst.

Betrachtet man Noskes Tätigkeit in Kiel in den wenigen Tagen von seiner Ankunft am Abend des 4. November bis zu seinen ersten Aktionen als neuer Gouverneur am 7. November unter dem Gesichtspunkt der ihm gestellten Aufgabe, auf die Verhältnisse in der Ostseestadt beruhigend einzuwirken, so muss festgestellt werden, dass er erfolgreich gearbeitet hatte. Unter Einsatz auch seiner gesamten physischen Kraft[112] stellte er sich in den Dienst der Politik seiner Partei, die er so verstand, dass es galt, in dem Unruheherd Kiel Einfluss zu gewinnen, um geordnete Zustände wiederherstellen zu können. Reichskanzler Prinz Max von Baden hat die aufopferungsvolle Einsatzbereitschaft des sozialdemokratischen Abgeordneten später mit folgenden Worten gewürdigt: Noske erkannte „blitzschnell Chance und Verpflichtung, die seine Volkstümlichkeit ihm gab. Ich habe, so sagte er am Telefon, den Posten des Gouverneurs annehmen müssen[113] und bereits gute Erfolge erzielt. In Wahrheit hatte er Übermenschliches geleistet [...]. Kiel beruhigte sich allmählich. Noske war am Rande seiner

Kräfte, aber er hielt aus, und die Stadt und Garnison fügten sich seiner Autorität."[114] Der letzte kaiserliche Reichskanzler, der im Vergleich zu seinen Vorgängern ein eher liberal denkender Mann war, verband mit diesem Loblied auf Noskes persönliche Verantwortungsbereitschaft allerdings ganz konkrete politische Hoffnungen: „Das Schicksal Deutschlands hing daran, dass Ebert die Leistung seines Parteigenossen [gemeint war Noske, d. Verf.] im Großen wiederholte, d.h. die Bewegung im ganzen Land zurückrollte."[115] Noske fühlte sich und seine politische Arbeit in den ersten Kieler Tagen durch eine Äußerung wie diese durchaus nicht falsch interpretiert, was dem Tatbestand zu entnehmen ist, dass er die Worte des Prinzen Max von Baden später in seinen Memoiren voller Stolz erwähnte.[116]

Nicht ohne Sinn für die Bedeutung der mit dem 7. November 1918 in Kiel geschaffenen Situation notierte Noske in seinen Revolutionserinnerungen „Von Kiel bis Kapp": „Zum erstenmal wohl in der Weltgeschichte war damit einem Mann, der nie Soldat gewesen war, das Kommando über rund 80 000 Soldaten übertragen worden."[117] Objektiv gesehen war der Wechsel von einem Admiral auf den Zivilisten und MSPD-Reichstagsabgeordneten ein eindeutiges politisches Signal. Der letzte Repräsentant des Kaisers musste gehen und der neue Mann, ein Repräsentant der Reichstagsmehrheit, nahm seinen Platz ein. Subjektiv spielten für Noskes Bewertung dieser Entwicklung andere Gesichtspunkte eine Rolle. Er hätte auch als Vorsitzender des Obersten Soldatenrats Kiel die Befehlsbefugnis über die gesamte Kieler Garnison ausüben können. Aber dies wäre eine Befehlsbefugnis kraft revolutionären Rechts gewesen, die den Bruch symbolisiert hätte und nicht die Kontinuität. Noskes Ordnungsdenken entsprach es jedoch mehr, sich an den vorhandenen und bewährten Strukturen zu orientieren, als sich auf Neues einzulassen. Hinzu kam wohl auch ein emotionaler Aspekt, der eine neue Facette im Charakter dieses Politikers erkennen lässt: Es erfüllte ihn mit Stolz und Genugtuung, dass er nun als Gouverneur Befugnisse ausübte, die bei seinem Vorgänger noch mit dem Range eines Kommandierenden Admirals verbunden waren.

Mit der Übernahme des Gouverneurs-Postens durch Noske war jene Phase abgeschlossen, in der die Kieler Matrosenbewegung revolutionäre Impulse gab, die in das ganze Reich ausstrahlten. An den wichtigsten Signalen aus Kiel – gemeint sind die erstmalige Bildung von Arbeiter- und Soldatenräten als revolutionäre Institutionen sowie die in den 14 „Kieler Punkten" formulierten revolutionären Forderungen – hatte Noske keinen Anteil. Nun, nach dem 7. November 1918, rückte Kiel wieder an die Peripherie des politischen Geschehens[118], und zwar maßgeblich aufgrund des Einflusses von Noske, der seine Rolle lediglich als eine ordnende begriff und keinen Ansatz zur Neugestaltung aufnahm und weiterführte.

Überblickt man die den militärischen Bereich betreffenden Aktivitäten des Gouverneurs Gustav Noske im Monat November 1918, so fällt der vollständige Mangel an kreativen Ideen und Maßnahmen auf. Die Gouvernements- und Stations-Tagesbefehle dieser Zeit lesen sich großenteils wie eine Aneinanderreihung einzelner Verwaltungsanordnungen. Da ging es, wie in jedem normalen militärischen Dienstbetrieb zu Friedenszeiten, um Urlaubsangelegenheiten, Kommandierungen, Entlassungen, ärztliche Versorgung, Materialausgabe, Kassen- und Bekleidungsfragen, die „Tabakversorgung", den „Bedarf an Nähfäden" und das „Lüften der Munitionskammern".[119] Lediglich die beiden ersten Tagesbefehle vom 7. und 9. November[120] enthielten einige brisante Anordnungen, darunter die Abschaffung des militärischen Grußzwanges. Mit diesen Anordnungen entsprachen Gouverneur und Oberster Soldatenrat jenen in den 14 „Kieler Punkten" aufgestellten Forderungen[121], die im Zuständigkeitsbereich der Ostseestation wenigstens vorläufig geregelt werden konnten.

Sämtliche militärischen Maßnahmen, die von Noske in seiner Gouverneurszeit getroffen wurden, folgten der Devise

„Ruhe und Ordnung". In den ersten Tagen seiner Anwesenheit in Kiel konkretisierte sich diese politische Marschrichtung in der Aufgabe, die planlosen Schießereien zu beenden, die alleine am 5. November dazu führten, dass zehn Tote und wenigstens 21 Verletzte beklagt werden mussten.[122] Wer die Todesschützen waren, konnte nicht festgestellt werden. Die Vermutung der Matrosen, Offiziere hätten aus Häusern heraus auf Aufständische geschossen, wurden nachher dadurch gestützt, dass der noch amtierende Gouverneur, Admiral Souchon, ein Flugblatt herausgab, in dem er es den Offizieren zur Pflicht machte, „Gewaltmaßregeln zu unterlassen".[123] Auch der erste Kieler Garnisons-Soldatenrat, an dem Noske noch nicht beteiligt war, beschäftigte sich mit der Frage, wie den planlosen Schießereien Einhalt geboten werden konnte. Dabei ging er von der Annahme aus, dass sämtliche in der Garnison Kiel befindlichen Mannschaften und ein großer Teil der Unteroffiziere den Aufstand unterstützten.

Obwohl es Gerüchte über einen bevorstehenden Offiziersputsch gab, kam offenbar niemand auf die Idee, eine eigene Revolutionstruppe zur Abwehr dieser möglichen Gefahr zu bilden oder durch andere Maßnahmen die errungenen Machtpositionen militärisch abzusichern. Der Soldatenrat beschränkte sich darauf, die Bildung eines Sicherheitsdienstes anzuordnen, der innerhalb der Garnison Kiel für die Aufrechterhaltung der Ordnung sorgen sollte. Mit der Durchführung wurde ein erfahrener Unteroffizier, der Obermaat Nikolaus Goßrau[124] – er war selbst Mitglied des Soldatenrats und betätigte sich im Dezember 1918 als Mitbegründer einer Ortsgruppe der Deutschen Demokratischen Partei in Kiel[125] – beauftragt. Goßrau handelte ganz im Sinne des Soldatenrats, wenn er seine Aufgabe lediglich als eine organisatorische auffasste und sogleich eine Aufgliederung des Garnisonsbereichs in sechs Teile vornahm, innerhalb derer er die jeweiligen Marineverbände für die Durchführung der Wach- und Patrouillendienste verantwortlich machte.

Als der neue Soldatenrat unter dem Vorsitz Noskes am 5. November zusammentrat, wurde auf der Grundlage dieser Organisation erneut dazu aufgerufen, auf den Straßen und Plätzen unbedingt Ruhe und Ordnung zu bewahren, jedes zwecklose Schießen zu unterlassen und nur solche Patrouillendienste durchzuführen, die vom Soldatenrat befohlen waren.[126]

Bei dieser Regelung blieb es den ganzen Monat November über. Die in Kiel stationierten militärischen Verbände und Einheiten regelten im Rahmen der Befehle von Gouverneur und Soldatenrat die Durchführung des Sicherheitsdienstes. Gewisse Schwierigkeiten traten erst Anfang Dezember auf, als mit der fortschreitenden personellen Demobilmachung der Patrouillendienst nicht mehr im bisherigen Umfang aufrechterhalten werden konnte. Erst wegen dieser Personalknappheit sahen sich der Gouverneur Noske und der Oberste Soldatenrat veranlasst, in die Zukunft gerichtete militärpolitische Überlegungen anzustellen.

Demobilmachung und Soldatenräte

Für den Bereich der Marinestation der Ostsee trug Noske – in seiner Funktion als Kieler Gouverneur – die Verantwortung für die Abwicklung der Entlassungen von Marinepersonal, also die personelle Demobilmachung, und für die gemäß dem Waffenstillstandsvertrag durchzuführende Abrüstung der Kriegsschiffe und ihre Auslieferung an die Engländer, also die materielle Demobilmachung.[127] Im Anschluss an die Spezialstudie von Dirk Dähnhardt über die Revolution in Kiel lässt sich sagen, „dass in Kiel Abrüstung und Demobilmachung im Großen und Ganzen reibungslos abgewickelt worden sind“[128], und zwar dank der verständnisvollen Zusammenarbeit aller beteiligten Kieler Stellen sowie dank der Leitungs- und Integrationsfähigkeit Noskes.

Über diese recht allgemein gehaltene Feststellung hinaus ist bislang nicht bekannt, wie sich die personelle Demobilmachung in Kiel im Einzelnen abspielte. Das ist nicht nur im Hinblick auf die Analyse der Politik beziehungsweise Verwaltungstätigkeit Noskes in diesem Bereich bedauerlich, sondern auch und in noch stärkerem Maße, weil die Demobilmachung nicht bloß als ein technischer Abwicklungsvorgang begriffen werden darf. Vielmehr handelte es sich um eine politisch relevante Entwicklung, in deren Verlauf sich die gesamte Sozialstruktur der Ostseestadt grundlegend veränderte und nicht minder die politischen Machtverhältnisse. Besonders das politische Schicksal der Soldatenratsbewegung ist ohne genauere Kenntnis der Demobilmachung kaum angemessen zu begreifen.

Aufgrund einer günstigen Aktenlage lässt sich die Massenentlassung von Soldaten in Kiel während der Gouverneurszeit Noskes in ihren einzelnen Etappen recht präzise nachvollziehen. Die Gouvernements-Befehle geben Aufschluss über die Art und Weise, wie Noske seine Leitungsfunktion ausübte. Wesentlich aufschlussreicher ist jedoch eine vom späteren Stationschef, Konteradmiral Hugo Meurer[129], auf Befehl des Reichsmarineamts[130] Ende April 1919 verfasste „Zusammenfassende Darstellung des Verlaufs der bisherigen Demobilmachung unter besonderer Berücksichtigung der Einwirkungen der politischen Umwälzung und der Durchführung der Waffenstillstandsbedingungen“[131], die – auf der Grundlage von Erfahrungsberichten aller der Station 0 unterstehenden Dienststellen und Verbände[132] – Einblick in den tatsächlichen Verlauf der Demobilmachung gibt.

Bei Beginn der Revolution waren in Kiel etwa 50 000 Militärangehörige stationiert.[133] Berücksichtigt man, dass die Anzahl der Kieler Erwerbstätigen zur gleichen Zeit etwa 100 000 betrug, von denen 70 Prozent Arbeiter und nur 30 Prozent Angestellte und Selbständige waren[134], so wird zweierlei deutlich: Kiel hatte eine insgesamt untypische Sozialstruktur; der Anteil der Soldaten war überdimensional hoch.

Die militärischen Stellen in Kiel waren sich schon während des Weltkrieges darüber im Klaren, dass sie bei der zu erwartenden Demobilisierung erhebliche organisatorische Probleme zu bewältigen haben würden. Vorsorglich wandte sich das „Transportbüro Kiel“[135] bereits im Sommer 1918 an die Kieler Kommandantur[136] und gab zu bedenken, dass nach Ausspruch der Demobilmachung ungefähr 40 000 Mann aus Kiel abtransportiert werden müssten, wozu man wenigstens 40 Sonderzüge benötigen werde.[137] Zu diesem Zeitpunkt ging man noch davon aus, die Demobilmachung könne – nach einem siegreich beendeten Krieg – planmäßig und von äußeren Einflüssen ungestört abgewickelt werden. Sie stellte sich daher in erster Linie als ein Organisations- und Transportproblem dar.

Als dann im November 1918 in Kiel die revolutionären Unruhen ausbrachen und wenig später der Waffenstillstand bekannt wurde, ging es nur noch selten „nach Plan“. Bereits in den Kampftagen zwischen dem 3. und 7. November 1918 reisten mehrere Matrosendelegationen aus Kiel ab, um in verschiedenen Städten des Reiches über die Entwicklung in der Ostseestadt zu berichten und um den revolutionären Funken, der in Kiel entfacht worden war, weiterzutragen.[138] Wie viele Matrosen in dieser Zeit ohne eine politische Mission die Ostseestation stillschweigend verlassen haben, um zu ihren Familien zurückzukehren, ist zwar im Einzelnen nicht bekannt. Ihre Zahl dürfte jedoch beträchtlich gewesen sein. Nach dem Bekanntwerden des Waffenstillstandes setzte dann eine zweite Welle der spontanen Demobilmachung ein. Das heißt, viele Matrosen verließen Kiel auf eigene Faust, ohne die Aushändigung von Entlassungspapieren abzuwarten. Jetzt war „die Entwicklung der Dinge so in Fluss“, fasste das Kieler Stationskommando rückblickend zusammen, „dass von einer Ausnutzung der Demobilmachungsvorbereitungen und somit von einem planmäßigen Vorgehen fast auf keinem Gebiete die Rede sein konnte [...] Wenn schon zu Beginn der Revolution zahlreiche wilde Entlassungen stattfanden oder vielfach Leute ihre Dienststellen einfach verließen, so war der Entlassungsdrang nach Abschluss des Waffenstillstandes so stark und fand derartige Äußerungen, dass ihm durch weitgehend entgegenkommende Verfügungen stattgegeben werden musste." Es kam zu „überhasteten, ungeordneten Entlassungen".[139]

Einer Weisung des Reichsmarineamts folgend, ordnete Noske als erste Maßnahme an, die in den Jahren 1870 und 1871 geborenen Landsturmleute zu entlassen.[140] Am 13. November verfügte er, ohne weitere Weisungen des Reichsmarineamts (RMA) abzuwarten, die im Demobilmachungsplan vorgesehene Entlassung von Marineangehörigen mit Spezialberufen, die in Verwaltung und Wirtschaft dringend benötigt wurden: „Angestellte und Arbeiter der Gas-, Elektrizitäts- und Wasserwerke, der Eisenbahnen, Kleinbahnen und Straßenbahnen, der Binnenschifffahrt, Beamte des öffentlichen Verkehrs, der wirtschaftlichen Organisationen, der Arbeitnehmer- und Arbeitgeberverbände, Gewerkschaften u. dergl.; Arbeitsnachweisbeamte, Arbeiter und Angestellte für Bergbau-, Land- und Forstwirtschaft. Besonders wichtig sind Schlosser, Schmiede und Gasmeister der Elektrizitäts- und Gaswerke."[141] Diese Fachleute sollten „umgehend" mit einem vorläufigen Entlassungsschein versehen und nach Hause geschickt werden. Im Interesse volkswirtschaftlicher Belange stellte Noske zu einem frühen Zeitpunkt auch älteren Reserveoffizieren anheim, sich bereits vor der allgemeinen Demobilmachung vom Stationskommando beurlauben zu lassen.[142] Erst Mitte November, als Noske längst von sich aus die personelle Demobilmachung auf den Weg gebracht hatte, erließ das Reichsmarineamt „Richtlinien für die Entlassung des Marinepersonals"[143], mit denen die allgemeine Demobilmachung praktisch vorweggenommen wurde. Der Personalbedarf für Handel und Wirtschaftsleben, hieß es in den Richtlinien des RMA, müsse zunächst aus dem Heimatheer und der Marine gedeckt werden, da sich das Westheer noch auf dem Rückmarsch befinde. Die

Entlassungen sollten „in weitestgehendem Umfange dem Bedarf des Wirtschaftslebens entsprechend erfolgen". Den Umfang der täglichen Entlassungen machte das Reichsmarineamt lediglich von der praktischen Durchführbarkeit abhängig, nämlich von der Leistungsfähigkeit der Eisenbahnen. Die Ostseestation wurde verpflichtet, dafür zu sorgen, „dass das zur Durchführung der Waffenstillstandsbedingungen benötigte Personal" zurückbehalten wurde. Für diese Aufgabe standen neben den Berufssoldaten die von der Entlassung bisher ausgenommenen jüngeren Jahrgänge (1896–98) zur Verfügung.

Wie vorherzusehen war, gestaltete sich der Abtransport von Soldaten und Zivilangehörigen aus Kiel zu einem schwer zu lösenden Problem. Seit den ersten Tagen der Revolution herrschte „ein großes Durcheinander im Reiseverkehr".[144] Der normale Bahnlinienverkehr reichte bei weitem nicht aus, um die Vielzahl der zur Entlassung kommenden Leute aus Kiel abtransportieren zu können. Daher setzte die Eisenbahndirektion Altona in der Zeit vom 15. bis zum 29. November 1918 täglich zwei bis drei Sonderzüge ein, die nach Hamburg und Berlin fuhren und pro Zug etwa 1500 Personen aufnehmen konnten.[145] Diese Maßnahme ermöglichte den Abtransport von rund 30 000 Personen in der zweiten Novemberhälfte. Darüber hinaus veranlasste Noske den Einsatz von Transportschiffen in Richtung Stettin und Danzig.[146]

In dieser Phase der Massenentlassungen, in der täglich fast 2000 Menschen Kiel verließen, musste der Gouverneur Noske befürchten, alsbald werde nicht einmal mehr genügend eingearbeitetes Personal zur bürokratischen Abwicklung der Demobilmachung sowie zur Außerdienststellung und Ablieferung der Kriegsschiffe in den Internierungshäfen vorhanden sein.[147] Tatsächlich führte die Knappheit an ausgebildetem Personal, das die Formalitäten der regulären Entlassung und der Abfindung mit Gebührnissen auszuführen in der Lage war, zu erheblichen Schwierigkeiten. Wie Konteradmiral Meurer später feststellte, drückte „die wilde Art der Entlassungen der ganzen

Demobilmachung ihren Stempel auf".[148] Sie führte auch dazu, dass viele Personalpapiere und Verwaltungsakten aller Art verlorengingen, was nicht nur die gesamte Abwicklungsarbeit erheblich verlängerte und verteuerte, sondern auch für viele einzelne Nachteile mit sich brachte, die später Gehalts-, Löhnungs-, Renten- und sonstige persönliche Ansprüche geltend machten.[149]

Wenn das Reichsmarineamt in seinen Entlassungsrichtlinien von Mitte November 1918 praktisch die generelle Demobilmachung einleitete, so verfolgte es damit zweifellos auch einen ganz konkreten politischen Zweck. Hieß es in den Richtlinien noch etwas verschleiert, die Massenentlassungen lägen auch im Interesse der Marine selbst, „um Personalanstauungen in den Marinegarnisonen zu vermeiden"[150], so drückte die „Kommandantur der Befestigungen des Reichskriegshafens Kiel" in ihrem Bericht über die Demobilmachung unumwunden aus, worum es in Wirklichkeit ging: Nach dem Ausbruch der Matrosenrevolution, hieß es in diesem Bericht, sei jedem Einsichtigen klar gewesen, dass es nun galt, „so schnell wie möglich aus dem überheizten, brodelnden Kessel möglichst viel Dampf abzulassen, d.h. massenweise Entlassungen vorzunehmen".[151]

Dieser Vorgang zeigt, dass die überstürzten Massenentlassungen aus der Sicht der Marineführung nicht bloß eine negative Seite hatten, die in der weitgehenden Auflösung der militärischen Disziplin bestand. Sie waren zugleich politisch höchst willkommen, da sie hoffen ließen, bald sei die Masse der revoltierenden Matrosen vom Schauplatz des Revolutionsbeginns, nämlich Kiel, verschwunden, und damit würden allmählich wieder geordnete Zustände eintreten können.

Der Tatbestand, dass die Matrosen noch im November 1918 die Ostseestadt Kiel zu Tausenden geradezu fluchtartig verließen, belegt darüber hinaus die Begrenztheit ihrer politischen Ziele. Sie hatten Ende Oktober den Flottenvorstoß verhindert und waren beim Kampf um die Folgen dieser Gehorsamsverweigerung siegreich geblieben. Dann folgte mit dem Abschluss des Waffenstillstandes die formelle Beendigung der Kampfhandlungen. Damit war das Hauptziel der Matrosen erreicht. Wo neben der Friedenssehnsucht auch eine Veränderung der politischen Verhältnisse erstrebt wurde, schien diese Erwartung mit der Regierungsübernahme durch den Rat der Volksbeauftragten in Berlin und in Kiel durch Noskes Einsetzung in das Amt des Gouverneurs erfüllt zu sein. Die Bereitschaft der Matrosen von Kiel, sich nach dem weitgehend unblutig verlaufenen und dennoch erfolgreichen Novemberumsturz für ein Weitertreiben der Revolution zu engagieren, war mehrheitlich gering. Daher gab es für sie keinen Grund mehr, in der Ostseestadt zu bleiben.

Wie es im Demobilmachungsplan vorgeschrieben war, ordnete Noske bereits im November 1918 Maßnahmen an, die eine Übersicht über den Stand der Entlassungen bieten sollten. Alle entlassenden Dienststellen in seinem Befehlsbereich sollten erstmalig am 1. Dezember 1918 und ab da alle 14 Tage entsprechende Meldungen an das Stationskommando geben.[152] Diese planmäßige Berichterstattung kam jedoch nicht zustande, da die meisten Dienststellen die geforderten Meldungen nicht lieferten. Das Stationskommando war daher nicht in der Lage, eine laufende, einigermaßen exakte Übersicht über den Gang der Demobilmachung zu gewinnen.[153] Da zumal die Unterlagen über den Stand der Entlassungen „völlig unzureichend" waren, konnten die 14-tägigen Zusammenstellungen nicht erarbeitet werden. Doch auch die Einzelmeldungen enthalten verallgemeinerungsfähige Aussagen. So traf etwa die dem Kieler Stationskommando unterstehende Inspektion des Torpedowesens in ihrem Demobilmachungsbericht die folgende aufschlussreiche Feststellung: „Das jetzige ungefähre Ergebnis der Entlassungen ist folgendes: Von der vor der Revolution gewesenen Iststärke der einzelnen Kompagnien sind von den zu entlassenden Leuten 1/3 ordnungsmäßig mit Militärpapieren entlassen worden. Bei 1/3 schweben noch die Verhandlungen und bei 1/3 fehlen sämtliche Unterlagen."[154] Bei anderen Marineteilen im Bereich der Ostseestation war die Quote der regulär Entlassenen wesentlich höher. Aus den lückenhaften Meldungen lässt sich immerhin errechnen, dass am Stichtag 1. Dezember 1918 über 15000 Marineangehörige der Garnison Kiel mit Entlassungspapieren versehen waren.[155] Wenn Noske am 4. Dezember im Gouvernements-Tagesbefehl mitteilen ließ, die Entlassung der Inaktiven sei im Ostseebereich nunmehr zum größten Teil durchgeführt[156], so hatte er dabei gewiss nicht nur die erwähnten etwa 15000 regulär Entlassenen vor Augen, sondern auch die große Zahl derjenigen, die auf eigene Faust abgereist waren. Anhand der seit Mitte November eingesetzten Militär-Sonderzüge sowie der zum Abtransport von Soldaten bestimmten Schiffe lässt sich schätzen, dass bis Weihnachten 1918 um die 40000 Marineangehörige Kiel verlassen haben müssen. Bis zum Stichtag 1. Januar erhöhte sich die Zahl der regulär Entlassenen auf schätzungsweise 24000 Mann[157], so dass sich – mit Vorbehalt – sagen lässt, dass mehr als ein Drittel der Marineangehörigen der Kieler Garnison spontan und formlos demobil machte. Von den rund 50000 Militärpersonen, die bei Beginn der Revolution in Kiel Dienst taten, waren am Ende des Jahres 1918 mehr als vier Fünftel abgereist. Bei den Soldaten, die noch im Januar 1919 im Befehlsbereich der Marinestation der Ostsee verblieben, handelte es sich fast ausschließlich um Berufssoldaten, also um Unteroffiziere, Deckoffiziere und Offiziere.[158] Die Matrosen, welche die Revolution begonnen und in wenigen Tagen zum Erfolg geführt hatten, waren zum allergrößten Teil schon vor dem Weihnachtsfest zu Hause bei ihren Familien.

Was der Weggang von rund 40000 Matrosen, die das Signal zur deutschen Revolution gegeben hatten, für die Legitimation der durch die Revolution neu geschaffenen Machtorgane, insbesondere für den Kieler Obersten Soldatenrat, bedeutete, liegt auf der Hand. Der Soldatenrat wurde mit dem Fortgang der Massenentlassungen zunehmend seiner Machtbasis entblößt. Dies hatte zur Folge, dass sich die Zusammensetzung des Obersten Soldatenrates bereits Anfang Dezember 1918 änderte. Jetzt wurden vermehrt Deckoffiziere in den Rat hineingewählt. Einer von ihnen, Franz Riefstahl[159], ein Signalmeister, gab fortan im Obersten Soldatenrat den Ton an.

Mit seiner schwindenden Legitimation veränderte sich notwendigerweise auch die Machtposition des Soldatenrats im politischen Kräftespiel Kiels. Wie die Aufstellung der „Eisernen Marinebrigade Kiel“[160] zeigen sollte, waren militärische Berufsorganisationen wie der Deckoffizierbund und die Unteroffiziervereinigung bereits Mitte Dezember 1918 handlungsfähigere Institutionen als der Oberste Soldatenrat, an dem die Gründung dieses Freiwilligenverbandes einfach vorbeiging. Als Noske Ende Februar 1919 die Marineräte mit der Begründung auflöste, nach erfolgter Durchführung der Demobilmachung und der Einrichtung von Entlassungsbüros läge keinerlei Berechtigung mehr für ihre Fortexistenz vor[161], konnte der Kieler Oberste Soldatenrat mangels Massenbasis nicht mehr als verbale Proteste vorbringen.

Die Demobilmachung im Bereich der Marinestation der Ostsee verlief alles in allem wesentlich rascher als im Feldheer. Dies lag sowohl an den besonderen Kieler Voraussetzungen – das zur Entlassung anstehende Personal brauchte nicht von außerhalb nach Kiel zurückgeführt zu werden, sondern war großenteils bereits am Ort stationiert – wie auch am politischen Willen des Reichsmarineamtes und des Kieler Gouverneurs Noske, aus dem „brodelnden Kessel“ Kiel möglichst schnell möglichst viel Dampf abzulassen. Der beschriebene Vorgang der beschleunigten Massenentlassungen aus dem Militärdienst bietet somit ein weiteres Erklärungsmoment für den Tatbestand, dass die Revolution in Kiel unverhältnismäßig schnell, letztlich binnen weniger Tage, in ein ruhiges Fahrwasser geriet.

Die rasche Demobilmachung verursachte zugleich den Verfallsprozess der Kieler Matrosenbewegung und die fortschreitende Machtentblößung des Kieler Obersten Soldatenrats. Mit den Worten des Soldatenrats Heinz Kraschutzki: „Die Soldatenräte gingen recht eigentlich daran zugrunde, dass es keine Soldaten mehr gab.“[162] Jetzt war es eigentlich nur noch eine Frage der Zeit, bis die Marineoffiziere wieder ihre alten Machtpositionen zurückgewinnen würden.

Gegen eine „revolutionstreue Sicherheitstruppe“

Die sich mit den Massenentlassungen einstellende Personalnot in Kiel führte, wie bereits erwähnt wurde, dazu, dass die Wahrnehmung der örtlichen militärischen Sicherungsaufgaben zunehmend in Frage gestellt wurde. Anfang Dezember 1918 ließ Noske eine Notiz in den Gouvernements-Tagesbefehl aufnehmen, aus der hervorging, verschiedene Marineteile hätten gemeldet, „dass sie die für den Sicherheitsdienst erforderlichen Posten und Patrouillen nicht mehr stellen“ könnten, „weil die mit der Waffe ausgebildeten Jahrgänge durch Entlassung und Urlaub in ihrer Kopfstärke schon jetzt stark herabgesetzt“ seien.[163] Noske plädierte nun – anscheinend unpolitisch und ganz pragmatisch – für eine „straff aufgezogene Truppe, von der ein Teil stets verwendungsbereit“[164] – sein sollte, und dachte dabei wohl an eine Truppe aus Deckoffizieren und Unteroffizieren, zu deren Vertretern er enge Beziehungen unterhielt.[165]

Am 17. Dezember 1918, als der Demobilmachungsprozess angesichts des bevorstehenden Weihnachtsfestes weit vorangeschritten war, beriet dann der Oberste Soldatenrat Kiel mit den Obleuten der Landmarineteile über verschiedene Lösungsmöglichkeiten.[166] Er entschied sich schließlich für die radikalste Lösung, nämlich die Aufstellung einer – wie es hieß – „revolutionstreuen Sicherheitstruppe“, für die noch nicht aus Heer und Marine entlassenes Militärpersonal gewonnen werden sollte. Noske widersetzte sich dieser Entscheidung ener-

Abb. 13 Truppeninspektion durch Gouverneur Noske, ovember/Dezember 1918, Foto: Stadtarchiv Kiel.

gisch, weil er „eine Sammlung von Kieler Arbeitslosen befürchtete“[167], die seiner Vorstellung von einer straff aufgezogenen Truppe entgegenstand. Aber diesmal hatte er keinen Erfolg. Der Soldatenrat blieb bei seiner Entscheidung und Noske musste im Gouvernements- und Stations-Tagesbefehl vom 26. Dezember 1918 die „Bildung einer revolutionstreuen Sicherheitstruppe“ bekanntgeben.[168] Sie habe die Aufgabe, hieß es dort, „die Revolution und ihre Errungenschaften zu sichern und zu verteidigen, sämtliche Maßnahmen des Gouvernements und des Obersten Soldatenrats zur unbedingten Aufrechterhaltung der Ruhe, Ordnung und Sicherheit des nationalen und persönlichen Eigentums durchzuführen“. Als Aufnahmekriterium wurde festgelegt, die Mitglieder dieser Truppe müssten „auf dem Boden der sozialen Volksrepublik“ stehen. Was die organisatorische Seite betraf, so sollte die Truppe aus sechs Kompanien zu je 294 Mann bestehen, also etwa 1800 Mann stark sein. Sie sollte sich „ihre Führer im Einvernehmen mit dem Gouverneur, dem Obersten Soldatenrat sowie den Obleuten“ selbst wählen.[169] In einem weiteren Tagesbefehl des Gouvernements wurden die Obleute beauftragt, sofort mit der Bildung dieser Einheiten zu beginnen und speziell eine Kompanie der Deckoffiziere und Feldwebel vorzusehen.[170] Wie die letztgenannte Weisung zustande kam, lässt sich leider nicht mehr ermitteln. Möglicherweise war sie eine Konzession des Soldatenrats an Noske, der gerade auf diese mittlere Führungsschicht der aktiven Soldaten setzte[171], während der Oberste Soldatenrat in der „revolutionstreuen Sicherheitstruppe“ keine Offiziere und möglichst auch keine aktiven Deckoffiziere und Unteroffiziere haben wollte.

Die praktische Aufstellung dieses unter politischen Gesichtspunkten konzipierten Verbandes, der sich seit Jahresbeginn 1919 „Revolutionäre Sicherheitstruppe Kiel“[172] nannte, vollzog sich in der Zeit, in der Noske schon nicht mehr in Kiel war. Möglicherweise ist dies die Erklärung für den Tatbestand, dass Noske in seinen Erinnerungen an die Kieler Zeit abstritt, dass es diese Truppe überhaupt gegeben habe. Er schrieb: „Wochenlang hatte ich die Bildung einer roten Truppe verzögert. Als, nun schon unter Artelts Vorsitz[173], in einer Sitzung wieder davon die Rede war, erklärte ich rundheraus, es würde nichts daraus. Genügend Berufssoldaten seien vorhanden, die etwas leisten könnten. Die Vorarbeiten wurden meinem Vorschlage gemäß in Angriff genommen.“[174] Noske meinte damit die Aufstellung der „Eisernen Marinebrigade“, einer „Truppe aus aktiven Leuten“[175], also Berufssoldaten, über die in einem eigenen Kapitel berichtet wird.

Tatsächlich ist die „Revolutionäre Sicherheitswehr Kiel“ jedoch, entgegen Noskes Erinnerung, gebildet worden. Die vorgesehene Stärke von 1800 Mann wurde bereits im Januar 1919 erreicht.[176] Wie Noskes Nachfolger im Amt des Kieler Gouverneurs, Gustav Garbe[177], Mitte Januar in einem Tagesbefehl bekanntgab, sollte die Sicherheitswehr nach dem Zusammentritt der Nationalversammlung als separater Verband zu bestehen aufhören und in die „Volkswehr“ der neuen Republik übernommen werden.[178] Das Adjektiv „revolutionär“ ließ man in der Folgezeit stillschweigend fallen. Am 12. Februar 1919 wurde die Sicherheitswehr umgebildet, auf 3000 Mann aufgestockt[179], dann in vier Bataillone aufgeteilt, die den Abteilungen und Divisionen der vorläufigen Reichsmarine angeschlossen wurden und damit zugleich ihre bisherige Selbständigkeit verloren. An politisch bedeutsamen Auseinandersetzungen war diese Kieler Truppe nicht beteiligt.[180]

Die Deckoffiziere und Noskes Kieler „Eiserne Brigade“

Unter der Hand, öffentliches Aufsehen möglichst vermeidend, traf Noske in seiner Position als Gouverneur von Kiel die Vorbereitungen zur Aufstellung eines mobilen, jederzeit einsatzfähigen Verbandes. Dies geschah ungefähr zur selben Zeit, als er dem Kieler Obersten Soldatenrat die Bildung einer „revolutionstreuen Sicherheitstruppe" auszureden versuchte. Das militärische Gebilde, das Noske stattdessen förderte, stellte in der an bunten Erscheinungen nicht eben armen Umbruchsphase von 1918/19 etwas wohl Einmaliges dar. Es handelte sich um eine Truppe, die sich zunächst ausschließlich aus Berufssoldaten, nämlich aus Deckoffizieren[181] und Unteroffizieren der Marine, zusammensetzte. Dieser Verband wurde unter der Bezeichnung „Eiserne Brigade" oder „Kieler Eiserne Brigade" bekannt.[182] Was sie zusammenhielt und motivierte, was seinerzeit aber kaum publik wurde, war ein gemeinsamer politischer Standpunkt der Angehörigen dieser Truppe, zumindest ein gemeinsames politisches Loyalitätsgefühl. Es galt der mehrheitssozialdemokratischen Richtung und ihrem Repräsentanten in Kiel, dem Gouverneur Gustav Noske. Daher wurde die Kieler „Eiserne Brigade" auch als Noskes „Haustruppe" angesehen.

Da Noske in seiner Ministerzeit immer wieder betonte, er halte nichts von politisierenden Soldaten, es komme ihm alleine auf militärische Tüchtigkeit an, darf die Eiserne Brigade, da sie besagter Leitlinie zu widersprechen scheint, besonderes Interesse beanspruchen. Dieses ist allerdings nicht leicht zu befriedigen. Denn die Aktenlage ist schlecht, und die amtliche Militärgeschichtsschreibung schweigt sich über die Kieler Deckoffizierbrigade weithin aus[183], da sie wohl als ein Fremdkörper in der deutschen Marinegeschichte angesehen wird. Auch die bislang einzige Spezialstudie über die Revolution in Kiel aus der Feder von Dirk Dähnhardt vermag die Entstehungsgeschichte dieser eigenartigen Truppe nicht zu erhellen.[184] Allerdings bestand dazu für deren Autor auch keine zwingende Veranlassung, da die Eiserne Brigade nicht für lokale oder regionale Einsätze in Kiel und Umgebung aufgestellt wurde, sondern für Aufgaben außerhalb der Ostseestadt. Während ihr erster Einsatz schon in die Zeit von Noskes Tätigkeit als Volksbeauftragter für Heer und Marine fiel, ist die –

politisch interessantere – Vorgeschichte der Entstehung dieses Verbandes in Noskes Zeit als Gouverneur von Kiel zu suchen. Zum Teil reicht sie sogar in die Zeit vor 1914 zurück.

Im Jahre 1912 gründeten die Deckoffiziere, deren Stellung zwischen den Seeoffizieren und den Unteroffizieren seit langem umkämpft war[185], einen eigenen Interessenverband, den „Bund der Deckoffiziere a.D. der Kaiserlichen Marine“[186], der sich seitdem für die Verbesserung der wirtschaftlichen und sozialen Lage der Deckoffiziere einsetzte und der sich in der Verfolgung dieser Interessenpolitik auch nicht scheute, das für damalige militärische Gepflogenheiten ungewöhnliche Mittel der öffentlichen Demonstration einzusetzen. Eine solche publikumswirksame Veranstaltung, an der 3000–4000 ehemalige und 100 aktive Deckoffiziere teilnahmen, fand am 28. Juli 1912 in Kiel statt.[187] Die treibende Kraft war ein ehemaliger Deckoffizier namens Emil Alboldt, derselbe Mann, mit dem Noske dann im November und Dezember 1918 in Kiel zum Zwecke des Aufbaus der Eisernen Brigade eng zusammenarbeiten sollte.[188] Seinerzeit, in den Jahren 1912 und 1913, gab es vornehmlich zwei Reichstagsabgeordnete, die sich der Forderungen der Deckoffiziere annahmen und sie in ihren Fraktionen und im Parlament vertraten, nämlich der linksliberale, aus Kiel stammende Abgeordnete Dr. Wilhelm Struve und sein sozialdemokratischer Kollege Gustav Noske. Letzterer forderte am 3. März 1913 im Plenum des Reichstages, „dass nach englischem Beispiel der Aufstieg der Deckoffiziere in die Offizierslaufbahn ermöglicht“ werden müsse[189], wobei er zu erkennen gab, dass sein Vorschlag weitergehend auf die allgemeine Demokratisierung des Offizierkorps abzielte[190], das heißt auf eine Öffnung dieser Laufbahnen für die Mittel- und Unterschichten. Noske und Struve erreichten seinerzeit durch ihre mehrmaligen parlamentarischen Vorstöße immerhin einige kleinere Reformen zur Verbesserung der sozialen und militärischen Stellung des Deckoffizierkorps.[191] Obwohl diese Verbesserungen nicht ohne die Zustimmung des Marine-Staatssekretärs Alfred

v. Tirpitz hatten erfolgen können, blieb der Bund der Deckoffiziere aus der Sicht der Marineführung auch weiterhin etwas Suspektes, weil er als eine gewerkschaftsähnliche Organisation eingestuft wurde.[192] Die Deckoffiziere ihrerseits sahen fortan in Noske und Struve ihre parlamentarischen Fürsprecher.

Der Erste Weltkrieg brachte dann eher eine Verschärfung denn eine Milderung der Probleme der Deckoffiziere. Denn die Marineoffiziere verharrten in ihrem starren konservativen Standesdenken und kapselten sich von den in ihren exklusiven Reihen unerwünschten Deckoffizieren verstärkt ab. Damit wurde die ohnehin vorhandene Distanz nur noch größer.[193] Ob es in den Kriegsjahren weiterhin Kontakte zwischen der Deckoffiziervereinigung und den Abgeordneten Noske und Struve gab, ließ sich bislang nicht nachweisen. Sie sind aber als wahrscheinlich anzunehmen.

Eher wider Willen sahen sich die Deckoffiziere dann im November 1918 vor ihre vielleicht größte Bewährungsprobe gestellt, als die Seeoffiziere angesichts der revoltierenden Matrosen sang- und klanglos abtraten. Nun fühlten sich die Deckoffiziere plötzlich als „Kräfte der Ordnung“[194], wobei sie von den Unteroffizieren, die sich ihnen zum überwiegenden Teil anschlossen, unterstützt wurden. Vor dem Untersuchungsausschuss des Reichstages rühmte Emil Alboldt die Rolle des Deckoffizierkorps später mit folgenden Worten: „Was in diesem Korps steckte, zeigte sich damals so recht: kein Deckoffizier verließ seinen Posten; ihrem Eingreifen ist es in der Hauptsache zu verdanken, wenn weiteres Unheil abgewendet und der materielle Bestand der Flotte im Ganzen aufrechterhalten wurde.“[195] Im Gegensatz zum Seeoffizierkorps, stellte Alboldt fest, hätten die Deckoffiziere „Ruhe und militärische Haltung“ bewahrt; sie seien es gewesen, die Straßenstreifen an Land organisierten, um Gewalttaten zu verhindern. Bleibt hinzuzufügen, dass die revoltierenden Matrosen die Deckoffiziere eher akzeptierten als die Seeoffiziere, was nicht zuletzt dem Tatbestand zu entnehmen ist, dass Ende November 1918 mehrere

Deckoffiziere dem Kieler Obersten Soldatenrat angehörten.[196] Der amerikanische Marinehistoriker Holger H. Herwig nannte es angesichts der geschilderten seltsamen Konstellation eine „Ironie des Schicksals [...], dass der einzige organisierte Widerstand, der sich den Meuterern in Kiel entgegenstellte, gerade von den Deckoffizieren ausging. Nach Jahrzehnten erfolglosen Kampfes um militärische und soziale Anerkennung als eigenständiges Offizierkorps fanden sich im November 1918 die Deckoffiziere als Verteidiger der staatlichen Autorität wieder.“[197] Fragt sich nur, welcher staatlichen Autorität. Jedenfalls war es nicht das zusammenbrechende Kaiserreich und dessen militärischer Repräsentant im Bereich der Marine, nämlich das Seeoffizierkorps, für das sich die Deckoffiziere nun einsetzten. Vielmehr versuchten sie für Ruhe und geordnete Zustände in der Ostseestation Kiel zu sorgen, wobei sie sich in gewissem Sinne als ordnendes Gegengewicht zu den nach ihrer Auffassung „überradikalen Soldatenräten“ verstanden.[198]

Dabei handelte es sich im Grunde um dieselbe Einstellung, mit der Noske am 4. November 1918 nach Kiel gekommen war. Auch er sollte und wollte beruhigend wirken und für Ordnung sorgen. Der Gleichklang zeigte sich rasch. Bereits am 7. November 1918 hatte Noske, soeben zum Gouverneur gewählt, Gelegenheit, in einer vom Obersten Soldatenrat anberaumten Versammlung, die von etwa 2000 Kieler Deckoffizieren besucht wurde, seine Verbundenheit mit diesen zu demonstrieren. Er rief ihnen zu: „Ich gebe meiner großen Freude und Befriedigung Ausdruck, dass sich der ganze Stand der alten, bewährten Deckoffiziere der Allgemeinheit zur Aufrechterhaltung der Ordnung und der Erhaltung der Werte zur Verfügung stellt. Ich versichere, dass alles, was in meinen Kräften steht, geschehen wird, den Deckoffizieren die Durchführung der selbstgestellten Aufgabe zu erleichtern.“[199]

An die Adresse des Obersten Soldatenrates gerichtet sagte Noske ferner, dass ein Wiederfunktionieren des Dienstbetriebes ohne die Deckoffiziere nicht möglich sei. Er forderte alle Mannschaften auf, sich an dem Verhalten der Deckoffiziere und ihrem Pflichtbewusstsein ein Beispiel zu nehmen. Auch der neue Vorsitzende des Obersten Soldatenrats, Lothar Popp, anerkannte die Unentbehrlichkeit der Deckoffiziere ausdrücklich, bat sie aber zugleich, sie möchten auch ihrerseits den veränderten Verhältnissen Rechnung tragen.[200] In der Folgezeit kam es dann, wie bereits erwähnt wurde, zu einer Zusammenarbeit von Matrosen- und Deckoffiziervertretern im Soldatenrat selbst. Damit ging Noskes Rechnung auf.

Eine vergleichbare Wertschätzung brachten die Marineunteroffiziere dem sozialdemokratischen Abgeordneten Noske entgegen. Dieser selbst berichtet – ohne Angabe eines genauen Datums – von einer Versammlung von etwa anderthalbtausend Unteroffizieren, „die sich schon äußerlich durch tadellose Ordnung auszeichnete".[201] Seine in dieser Versammlung gehaltene Rede – sie dürfte in Ton und Inhalt der vorerwähnten Rede vor den Deckoffizieren entsprochen haben – wurde, Noskes Eigenbericht zufolge, mit großen Ovationen aufgenommen.[202] Dagegen genoss der Unabhängige Lothar Popp bei den Unteroffizieren offenbar keine Sympathien. Sie lehnten es sogar ab, ihn im Anschluss an die Ausführungen Noskes anzuhören.[203]

Über die im engeren Sinne politischen Vorstellungen der Deckoffiziere und der Unteroffiziere der Marine, speziell über ihre parteipolitischen Präferenzen, wissen wir zwar nicht allzu viel. Bekannt ist jedoch, dass der Vorsitzende des Deckoffizierbundes, Emil Alboldt, ein Anhänger der Mehrheitssozialdemokraten war. Er sprach diesen Tatbestand im März 1919 einmal in aller Offenheit aus: „Wir haben von jeher ganz besonderes Gewicht darauf gelegt, mit den Mehrheitssozialisten Schulter an Schulter zu gehen. In allen Fragen haben wir die Fühlung mit ihnen als etwas Grundlegendes erkannt. Den Standpunkt werden wir auch weiterhin vertreten."[204] Manchen Seeoffizieren genügte diese Verbundenheit der Deckoffiziere mit den

Mehrheitssozialdemokraten, sie mit den revolutionären Matrosen in einen Topf zu werfen. Ein damaliger Ingenieur-Aspirant namens Wilhelm Reinhard erinnerte sich, dass „die Herren Deckoffiziere“ in den ersten Novembertagen „nicht schnell genug die rote Schleife als Zeichen der Verbundenheit mit den Revolutionären zeigen konnten und nun Morgenluft witterten“. Alboldt habe sich mit Hilfe des Arbeiter- und Soldatenrates einen solchen Einfluss verschafft, dass die Stellenbesetzungen in Kiel damals von ihm abhingen.[205] Obwohl diese Darstellung mangelndes politisches Differenzierungsvermögen offenbarte, hatte sie auch einen wahren Kern. Denn seit Beginn der Revolution unternahmen die Deckoffiziere verständlicherweise verstärkte Anstrengungen, ihrer alten Forderung zum Durchbruch zu verhelfen, dass Offizierstellen für Deckoffiziere geöffnet werden müssten. Mit dieser Forderung befanden sie sich, wie Konteradmiral Küsel einmal feststellte, in einer „ausgesprochenen Kampfstellung gegen die Offiziere“[206]. Noske dagegen stand diesen Forderungen positiv gegenüber, wenngleich sein Gouverneursamt ihm nicht die Kompetenz verlieh, sie auch durchzusetzen.

Auf der Basis ähnlicher politischer Zielvorstellungen, aber natürlich auch im Einklang mit den neuen Machtverhältnissen in Kiel, wie sie sich jedermann sichtbar durch Noskes Übernahme des Gouverneurspostens darstellten, kam in den Monaten November und Dezember 1918 eine enge Zusammenarbeit zwischen dem sozialdemokratischen Abgeordneten und den Kieler Deckoffiziers- und Unteroffiziersvereinigungen zustande. Durch Noskes eigenen Bericht ist belegt, dass er parallel zu seiner Verschleppungstaktik im Hinblick auf die vom Soldatenrat geforderte Bildung einer „revolutionstreuen Sicherheitstruppe“ Besprechungen mit den Vertretern dieser Vereinigungen führte, nämlich mit dem Vorsitzenden des Verbandes der aktiven Unteroffiziere, Obermaat Hirschmann, und mit dem Vorsitzenden des Bundes der Deckoffiziere, Emil Alboldt.[207] Er machte ihnen seine Ansicht klar, dass er von einer „revolutionstreuen Sicherheitstruppe“ nichts halte, weil sie sich voraussichtlich zu einem Sammelbecken Arbeitsloser entwickeln würde, sondern dass er stattdessen auf die aktiven Leute setze, die „etwas leisten“ konnten.[208] Ob die „Eiserne Brigade“ im Anschluss an diese Besprechungen, also bereits in der ersten Dezemberhälfte 1918, Zug um Zug aufgestellt wurde, ist zwar nicht im Einzelnen bekannt, aber als wahrscheinlich anzunehmen. Die Aufstellung ging jedenfalls unbürokratisch und offenbar selbst unter Ausschluss der lokalen Kieler Öffentlichkeit vonstatten. Nicht ohne Stolz stellte Noske einige Monate später in der Nationalversammlung fest, die Aufstellung habe sich sogar ohne Hilfe von Werbeplakaten vollzogen[209], womit er zum Ausdruck bringen wollte, wie eng und reibungslos die Zusammenarbeit zwischen ihm und den Berufsverbänden der Deckoffiziere und der Unteroffiziere funktionierte. Tatsächlich findet sich in Noskes wichtigstem Verlautbarungsorgan, nämlich den Gouvernements- und Stations-Tagesbefehlen der Ostseestation Kiel, nicht ein einziger Hinweis auf die „Eiserne Brigade“.

Die formelle Aufstellung dieser Truppe vollzog sich allerdings erst nach den Weihnachtskämpfen 1918 in Berlin, und zwar auf eine direkte Anforderung des inzwischen in das Kabinett der Volksbeauftragten berufenen Gustav Noske hin. Dieser war am zweiten Weihnachtsfeiertag, also am 26. Dezember 1918, einem dringenden Hilferuf Eberts folgend[210], in Berlin eingetroffen und hatte am Orte des Geschehens mit angesehen, wie die Regierung, von militärischen Machtmitteln fast vollständig entblößt, zum Spielball eher zufälliger Machtkonstellationen in der Reichshauptstadt zu werden drohte. Zwei Tage später wurde Noske in die Regierung der Volksbeauftragten berufen. In diesem „Augenblick der höchsten Not“ – so wird in der offiziellen Darstellung des Bundes der Deckoffiziere berichtet[211] – habe sich Noske des loyalen Verhaltens der Deckoffiziere während seiner Gouverneurszeit entsonnen und durch einen Abgesandten anfragen lassen, „ob nicht dank der Tätigkeit des Deckoffizierbundes die Verhältnisse in Kiel so weit gefestigt wären, dass dort an die Aufstellung einer Truppe für Berlin gedacht werden könne, und wenn ja, ob der Bund mit aller Kraft dabei mitwirken könne“.[212] Die Bundesleitung verschloss sich diesem für sie schmeichelhaften Wunsche nicht: „Innerhalb weniger Tage wurden aus Deckoffizieren und älteren Unteroffizieren (Deckoffizieranwärtern) zwei Regimenter zu je zwei Bataillonen von je drei Kompanien zusammengestellt und der Lage entsprechend ausgerüstet. Bereits Anfang Januar traf diese Truppe, Eiserne Division (1. Marinebrigade) genannt, in Berlin ein.“[213] Sie war zu diesem Zeitpunkt 1200 Mann stark[214] und dürfte damit einer der kopfstärksten Freiwilligenverbände gewesen sein, die damals – um die Jahreswende 1918/19 – in Deutschland existierten. Da ihm ausschließlich gut ausgebildete Berufssoldaten angehörten, handelte es sich jedenfalls um die schlagkräftigste Truppe, über welche der Rat der Volksbeauftragten zu diesem Zeitpunkt verfügen konnte.

Die Deckoffiziere und Unteroffiziere der Marine, die sich im Dezember 1918 freiwillig zur Eisernen Brigade meldeten, wussten offenbar genau, dass ihnen die Aufgabe zugedacht war, die Regierung in Berlin zu schützen, also im Innern eingesetzt zu werden. Dies durfte jedoch in Kiel nicht publik werden, da sonst der Oberste Soldatenrat, dessen Zustimmung erforderlich war, sich gesperrt hätte. Daher wurde – wahrscheinlich von Alboldt – die Version ausgestreut, die Deckoffiziertruppe solle für den Grenzschutz im Osten aufgestellt werden. Auf diese Weise wurde der Soldatenrat unter Karl Artelt überrumpelt.[215] Tatsächlich bestand von vornherein die Absicht, die Eiserne Brigade in der Reichshauptstadt zu verwenden. Sie war der erste Freiwilligenverband, der bewusst für den Kampf im Innern, gegen die linksradikalen Gegner des Rates der Volksbeauftragten, gebildet wurde.[216] Sein erster Einsatz erfolgte auf Befehl Noskes während der Januarunruhen in Berlin. Als der Kieler Oberste Soldatenrat merkte, wie er hinters

Licht geführt worden war, protestierte er umgehend schriftlich bei Noske gegen die Verwendung der Deckoffiziertruppe im Innern: „Wir verwahren uns in der energischsten Weise dagegen, dass entgegen den Abmachungen[217] die Truppen in Berlin verwendet werden.“[218] Weiter hieß es in dem Schreiben, der Soldatenrat sei mit der Verwendung der Brigade zum „Ukraineschutz“ durchaus einverstanden, nicht aber mit ihrem Einsatz im Innern. Erreicht wurde mit diesem Protest nichts. Noske setzte die Eiserne Brigade nach den Berliner Januarunruhen noch mehrfach in bürgerkriegsähnlichen Auseinandersetzungen ein, bevor die Truppe im Mai 1919 aufgelöst wurde.[219]

Bleibt zu erwähnen, dass die Deckoffizierbrigade eine interessante Führungsstruktur aufwies.[220] Sämtliche Zugführer kamen aus den Reihen der Deckoffiziere. Sie wurden gewählt. Die Kompanieführerstellen wurden, als die Deckoffiziere dies nach ihrem Eintreffen in Berlin von Noske wünschten, mit Heeresoffizieren besetzt, da Seeoffiziere nicht akzeptiert wurden. Im Übrigen hatte die Brigade keine Soldatenräte, sondern gewählte Vertrauensleute. Die Organisation orientierte sich am überlieferten militärischen Schema, ebenso die Disziplin. Insgesamt handelte es sich also um einen Verband, in dem sich Traditionelles mit Neuem vermischte.

Der USPD-Abgeordnete Alfred Henke kannte die Struktur und Zusammensetzung der Eisernen Brigade wohl nur oberflächlich, als er im Februar 1919 in der Nationalversammlung von Weimar die Befürchtung aussprach, die Zusammensetzung dieser Truppe aus altgedienten Marinesoldaten fördere den alten militärischen Geist.[221] Was er mit dieser Kritik erreichte, war lediglich, dass sich Noske, nun schon als Reichswehrminister, öffentlich vor seine Kieler „Haustruppe“[222] stellte und sie geradezu enthusiastisch verteidigte: „Ich freue mich, konstatieren zu können, dass die Männer, mit denen ich in Kiel ein paar Monate lang in engster Kameradschaft gearbeitet habe, sich, als die Not des Reiches am höchsten war, in Aufopferungsfähigkeit und in heißer Liebe zu ihrem Lande hinter die Regierung gestellt und ihr wertvolle Dienste geleistet haben."[223] In seinem Erinnerungsbuch an die Revolutionszeit setzte Noske der Eisernen Brigade das folgende Denkmal: „Diese aktiven Kieler Berufssoldaten haben mir treue Anhänglichkeit bewahrt und mir nie Schande gemacht."[224]

Das konterrevolutionäre Freikorps Loewenfeld

Die Revolte der Kieler Matrosen, die sich dann zur Revolution ausweiten sollte, richtete sich zunächst und in erster Linie gegen die Seeoffiziere in ihrer unmittelbaren Umgebung. Für diese Konfliktlage gab es unterschiedliche Ursachen. Die aktuellen, politisch motivierten Antipathien der Mannschaften gegen die Offiziere waren die Folge der „Admiralsrebellion"[225] von Ende Oktober 1918, also der Bestrebungen gegen eine von den Mannschaften dringend verlangte Beendigung des Krieges. Zugleich war dieser Konflikt das Resultat sozialer Spannungen. Das Seeoffizierkorps, das „nicht weniger als das adlig bestimmte Offizierkorps der preußischen Armee einen feudalen Block in einer sich stürmisch entwickelnden Industriegesellschaft bildete"[226], kapselte sich nicht bloß von den Deckoffizieren, Unteroffizieren und Mannschaften in einer verletzend elitären Weise ab, sondern ebenso von den anderen Offizierkorps der Marine, den Ingenieuren, Zahlmeistern und Sanitätsoffizieren. Politisch stand das vorherrschend bürgerliche Seeoffizierkorps auf der Seite des Obrigkeitsstaates und unterstützte dessen expansionistisches Streben nach einem „Platz an der Sonne". Damit stand es klar gegen die Liberalen und Sozialdemokraten[227], die für einen Abbau der Privilegien, für innere Reformen und für einen Verständigungsfrieden eintraten.

In Kiel wurden die Offiziere seit dem 4. November entweder von ihren Posten vertrieben oder sie verließen diese aus eigenem Antrieb und tauchten für einige Tage unter.[228] Obwohl die Matrosen nur in wenigen Einzelfällen gewaltsam gegen Offiziere vorgingen, fürchteten diese wohl allgemein um ihr Leben.[229] Jedenfalls reagierten sie auf die Revolte nicht kämpferisch, sondern ihr Verhalten offenbarte Resignation, Unschlüssigkeit, Unsicherheit und Ziellosigkeit.[230] Es war ganz einfach so, dass bei den Seeoffizieren eine Welt zusammenbrach, als ihnen klar wurde, dass ihre Befehle nichts mehr bewirkten, und als der Soldatenrat in Kiel ihnen nahelegte, „ohne Anspruch auf Versorgung den Dienst zu quittieren".[231] Sie waren „wie gelähmt"[232] und machten zunächst keinen Versuch, das Blatt zu wenden. Darin wurden sie noch bestärkt, als der Gouverneur, Admiral Wilhelm Souchon, in einem am 7. November an die Offiziere gerichteten Flugblatt – das sein Nachfolger Noske verbreiten ließ – erklärte, die Machtfrage sei innerhalb des Bereichs der Garnison Kiel zugunsten der Matrosen entschieden und Widerstand sei daher sinnlos.[233]

Für die machtpolitische Situation war der Tatbestand bezeichnend, dass sich der ranghöchste Offizier der Ostseestation gezwungen sah, auf das – aus militärischer Sicht recht unkonventionelle – Kommunikationsmittel des Flugblattes zurückzugreifen, um den Offizieren der Garnison eine Nachricht zu übermitteln. Zum einen wusste Souchon, dass viele Offiziere selbstständig ihre Posten verlassen hatten und insofern auf dem normalen Dienstweg gar nicht zu erreichen waren. Zum anderen konnte er nicht mehr davon ausgehen, dass die Matrosen, die den Fernmeldedienst versahen, seinen Anordnungen nachkommen würden. Der zum Stabe der Marinestation Ostsee gehörende Korvettenkapitän Arthur Düms berichtete dem Reichsmarineamt in Berlin Folgendes über diesen Zustand: „Nachrichtenübermittlung und damit Verkehr mit Offizier sehr schwierig, weil Personal und technische Mittel (Telefon) fehlen bzw. nicht immer zur Verfügung gestellt werden. Man ist daher auf Flugblätter angewiesen [...]. Von auswärtigen Behörden pp. eventuell veranlasster Abwurf von Flugblättern über Kiel […] unzweckmäßig, da als unerwünschte Einmischung aufgefasst werden könnte."[234] Auch in den folgenden Wochen lebten die Offiziere der Ostseestation Kiel in der für sie ungewohnten Situation, nur unter größten Schwierigkeiten untereinander in Verbindung treten zu können, da sie vom Soldatenrat, der konterrevolutionäre Aktionen der Offiziere fürchtete, scharfe Gegenmaßnahmen befürchten mussten.

Nach einer ersten Phase der Lähmung unternahmen die Seeoffiziere auf verschiedenen Ebenen und mit unterschiedlichen Mitteln den Versuch, die verlorengegangenen Machtpositionen Zug um Zug zurückzugewinnen. Bei diesen Bemühungen fanden sie in Noske insoweit einen Partner, als dieser sich von Beginn seiner Tätigkeit in Kiel an von dem Grundsatz leiten ließ, „dass ein heilloses Durcheinander entstehen müsse, wenn die eingearbeiteten und sachkundigen Leute von den Geschäften weggingen".[235] Es war dieselbe Einstellung, die den Rat der Volksbeauftragten unter Friedrich Ebert wenig später zu der Entscheidung gelangen ließ, die Oberste Heeresleitung müsse mit der Rückführung des Heeres von den Fronten in die Heimat beauftragt werden, weil eine so komplizierte Aufgabe nur von Berufsmilitärs gelöst werden könne. In Kiel bot Noske den Offizieren bereits zu einem Zeitpunkt die ausgestreckte Hand an, als die Matrosenbewegung noch keineswegs zu einem solchen Harmonisierungskurs bereit war, sondern im Gegenteil mit der Möglichkeit bewaffneter Konfrontationen mit den Offizieren rechnete. Er nahm damit tatsächlich im regionalen Bereich vorweg, was Ebert ab dem 10. November auf Reichsebene mit General Wilhelm Groener in die Wege leitete, nämlich den Versuch einer Zusammenarbeit von Sozialdemokraten und Offizieren unter dem Gesichtspunkt, dass die Politiker den Militärs ihre Aufgaben stellten und nicht umgekehrt.

Trotz der gespannten Atmosphäre in Kiel gelang es Noske relativ rasch, sowohl die alten als auch die neuen Machthaber zu Kompromissen zu bewegen.[236] Seine Vorgehensweise wurde von den Offizieren bereitwillig akzeptiert[237], weil Noske ihnen einen Weg in die Zukunft aufzeigte, und bei den Matrosen stieß sie nicht auf Widerstand. Der sozialdemokratische Abgeordnete und Marinespezialist seiner Partei, der jetzt als Gouverneur von Kiel amtierte, verstand es, innerhalb kürzester Zeit „von allen irgendwie von der Bewegung erfassten Gruppierungen anerkannt“[238] und sogar als Garant für die Durchsetzung unterschiedlicher Interessen betrachtet zu werden: Noske als Integrationsfigur.

Von den Auswirkungen her gesehen erwies sich jedoch schon bald, dass die Noskesche Kompromisspolitik der Matrosenbewegung Nachteile bescherte. In der Frage der Kommandogewalt lässt sich dies beispielhaft zeigen. Bereits am 9. November einigten sich je eine Delegation der Offiziere und des Soldatenrats auf „Richtlinien für die Zusammenarbeit zwischen Offizieren und Soldatenräten“.[239] Es ist zwar nicht mehr feststellbar, in welcher Weise Noske auf die beiden Delegationen einwirkte. Jedenfalls entsprach das Ergebnis vollständig seinen Vorstellungen. Die Kernsätze der Richtlinien lauteten nämlich, dass jeder Offizier, der „schriftlich die bindende Erklärung abgab, unter keinen Umständen der neuen Volksbewegung feindlich gegenüberzutreten“, im Dienst – nicht aber außerhalb der Dienstzeit – wieder Vorgesetzter sei. Offiziere, die nicht bereit waren, eine solche Erklärung abzugeben, sollten ihres Kommandos enthoben und der Station zur Verfügung gestellt werden. Mit diesen Richtlinien vermochten die Offiziere die für sie wichtigste Forderung, die nach der Kommandogewalt im Dienst, durchzusetzen. Damit erhielten die bislang ohnmächtig den Gang der Ereignisse verfolgenden Marineoffiziere allmählich wieder Zugang zu ihren alten Machtbefugnissen.

Wie wirkten sich diese Richtlinien in der Praxis aus? Einer Aufstellung vom Jahresende 1918 zufolge verblieb die überwiegende Mehrheit der Marineoffiziere im Bereich des „Befehlshabers der Sicherung der Ostsee“, nämlich etwa drei

Viertel, in ihren Stellungen.[240] Knapp jeder Zehnte verließ aus eigenem Antrieb seinen Posten. Lediglich 28 Offiziere (= 18 Prozent) wurden von den Besatzungen abgelehnt. Die personellen Veränderungen hielten sich also in engen Grenzen; das Moment der Kontinuität überwog deutlich.

Neben den Seeoffizieren, die unter den aufgezeigten Bedingungen mit Noske zusammenarbeiteten, gab es andere, die jenseits der Dienstwege, außerhalb der militärischen Befehlshierarchie, Verbindungen knüpften mit dem ausdrücklichen Ziel, die politische Entwicklung möglichst vollständig zurückzudrehen. Diese Bestrebungen konkretisierten sich in der Ostseestadt Kiel in der von langer Hand vorbereiteten Aufstellung des Freikorps Loewenfeld, dessen interessante Entstehungsgeschichte in die Gouverneurszeit Noskes fiel.

Aus der privaten Initiative einzelner Marineoffiziere entstand zunächst, Mitte November 1918, ein konspirativer Zusammenschluss gleichgesinnter Seeoffiziere. Er stellte die Keimzelle für die spätere Aufstellung der Marinebrigade v. Loewenfeld dar.[241] Der Aufbau dieses Freiwilligenverbandes, der später 3. Marinebrigade genannt wurde, ist hier zudem von Interesse, da Noske mehr als nur oberflächlich in ihn verwickelt war. Die Entstehungsgeschichte dieses Freikorps spiegelt zugleich wichtige Stationen der militärpolitischen Entwicklung in Deutschland zwischen November 1918 und März 1919 wider.

Bereits seit dem 10. November 1918 trafen in Kiel einzelne Seeoffiziere Vorbereitungen für eine organisatorische Zusammenfassung der Angehörigen ihres Korps. Das Resultat dieser Bemühungen war die Gründung der „Seeoffizier-Vereinigung Ostsee“ (SOVO) noch im November 1918, die unter maßgeblicher Beteiligung des Stationskommandos zustande kam[242] und alsbald „wohl ziemlich alle Seeoffiziere des Standortes“ erfasste.[243] Sprecher dieser Vereinigung wurde Kapitän zur See Paul Heinrich, ein betont reaktionär eingestellter Mann, der großen Einfluss auf die jüngeren Offiziere in Kiel ausübte und der in der Verfolgung seiner Ziele auch Konflikte mit dem nach

Souchons Abgang ranghöchsten Offizier in Kiel, Konteradmiral Hans Küsel, nicht scheute.[244]

Wie man in Kieler Seeoffizierskreisen die eigene Situation beurteilte, machte Küsel als Sprecher der SOVO anlässlich einer Sitzung des „Zehnerausschusses", dem vorläufigen Leitungsgremium dieser Vereinigung, am 19. November 1918 deutlich: „Hier in Kiel sind es wir Seeoffiziere, gegen die sich in erster Linie die Verhältnisse gekehrt haben. In uns sieht man die Hauptträger des sogenannten Militarismus, und, von uns ausgehend, fürchtet man allein noch Möglichkeiten, die der neuen Bewegung hemmend entgegentreten könnten. Daher versucht man uns mit allen Mitteln auszuschalten."[245]

Verständlicherweise gab die SOVO nicht zu, welche Ziele sie darüber hinaus anstrebte. Sie bezeichnete sich, analog zu den Verbänden der Deckoffiziere und der Unteroffiziere, als Vertreterin der „beruflichen und wirtschaftlichen Angelegenheiten" der Seeoffiziere.[246] Trotz dieser betont unpolitischen Aufgabenbeschreibung wagten es die konterrevolutionär eingestellten Seeoffiziere innerhalb der SOVO nicht, Versammlungen abzuhalten, da sie das anhaltende Misstrauen der Soldatenräte fürchteten und selbst wussten, dass sie „auf einem Pulverfass saßen".[247]

Um ihm zu entgehen, baute die SOVO ein konspiratives Kommunikationsnetz auf. Wie Korvettenkapitän Joachim Schaper, der von dem erwähnten Kapitän zur See Heinrich den Auftrag zum Aufbau dieser privaten Benachrichtigungsorganisation für Seeoffiziere erhalten hatte, später mitteilte, funktionierte sie nach dem Schneeballsystem: „Die Organisation war in der Weise aufgebaut, dass Nachrichten oder Anweisungen, die von der Spitze ausgingen, zunächst an mich gelangten, von mir aus gingen sie zunächst an 10 Verbindungsoffiziere I. Ordnung weiter. Diese waren so ausgewählt, dass sie Telefonanschluss besaßen, um die augenblicklich Erreichbaren schnell irgendwo zusammenrufen zu können, ferner waren ihre Wohnungen so gelegen, dass man sie etwa innerhalb einer Stunde mündlich oder schriftlich benachrichtigen konnte. Diese 10 Verbindungsoffiziere I. Ordnung hatten wieder je 8–10 Verbindungsoffiziere II. Ordnung unter sich, die so ausgewählt waren, dass sie möglichst in einer Stadt- oder Straßengegend zusammen wohnten, um möglichst schnell erreichbar zu sein. Von den 10 Verbindungsoffizieren I. Ordnung waren also 80–100 Verbindungsoffiziere II. Ordnung zu benachrichtigen. Diese hatten die betreffenden Anweisungen dann wieder an den Rest der Offiziere weiterzugeben, und zwar kamen auf jeden der Verbindungsoffiziere II. Ordnung etwa 5–6 weitere Offiziere. Diese konnten meist so gewählt werden, dass sie in demselben Hause oder den nächsten Nebenhäusern wohnten. Damit war eine schnelle Benachrichtigung von rund 500 Offizieren ermöglicht [...]. Die Organisation umfasste die Subalternoffiziere, Kapitänleutnants und die jüngeren Korvettenkapitäne, für die älteren Offiziere war die Aufstellung einer besonderen Organisation geplant."[248] Diese Art der Benachrichtigung hatte den Vorteil, dass auf schriftliche Aufzeichnungen verzichtet werden konnte.[249]

Während die Existenz der Seeoffiziersvereinigung in Kiel bekannt war, zumal Noske ihre offiziellen Veranstaltungen in den Tagesbefehlen des Gouvernements ankündigen ließ[250], blieb das private Benachrichtigungssystem der Seeoffiziere natürlich ebenso ein Geheimnis wie das, was unter dem Deckmantel dieser Vereinigung von einer Gruppe konterrevolutionärer Offiziere über die berufliche und wirtschaftliche Interessenvertretung hinaus gedacht und geplant wurde.

Korvettenkapitän Wilfried von Loewenfeld, der spätere Freikorps-Kommandeur, war die treibende Kraft unter den Vorstandsmitgliedern der SOVO. Er wurde am 17. November 1918 von der Seekriegsleitung zur Ostseestation in Kiel kommandiert[251] und beschäftigte sich seitdem damit, im Geheimen Kontakte zu gegenrevolutionär gesonnenen Offizieren herzustellen. Dabei kam ihm seine Vorstandstätigkeit sehr zustatten. Er berichtet: „Die öffentliche Arbeit der SOVO war ein guter

Deckmantel für mich, denn sie machte, dass das viele Kommen und Gehen von Offizieren bei mir für jeden Beobachter erklärlich war."[252] Loewenfelds Ziel bestand darin, sich mit den neuen Verhältnissen nicht etwa resignierend abzufinden, sondern statt dessen alles zu versuchen, um den früheren Einfluss der Seeoffiziere wiederherzustellen und dem Kieler Soldatenrat sowie dem militärisch tonangebenden Deckoffizierbund die Macht zu entreißen. Wie Loewenfeld, der sich selbst als Kämpfer „für die nationale Tradition und die nationale Zukunft"[253] bezeichnete, dachten damals wohl die meisten Seeoffiziere, wenngleich nur wenige, wie er, seine Ideen auch planmäßig in die Tat umzusetzen versuchten.[254] Neben dem Kapitänleutnant Thorwald von Bothmer, dem Leutnant (Ing.) Gerhard Schwarz und dem Hauptmann i.G. Ullrich von Bose[255] wurde Kapitänleutnant Wilhelm Canaris – der Mann, der später Hitlers Abwehrchef[256] werden sollte – einer der engsten Mitarbeiter Loewenfelds. Canaris kehrte mit den aus noch 13 Unterseebooten bestehenden beiden U-Boot-Flottillen Mittelmeer am 29. November 1918 in den Kieler Hafen zurück[257] und erlebte dort mit, wie die Besatzung bei ihrer Ankunft vom Gouverneur Noske mit einer Ansprache empfangen wurde. Noske gab Aufschluss über die inzwischen in der Heimat eingetretenen Vorgänge, „über die sie trotz funktelegrafischer Benachrichtigung doch nur recht mangelhaft unterrichtet waren".[258] Der Bitte des früheren Chefs der Pola-Flottille[259], Kapitän zur See Theodor Püllen, folgend, den er von seinem Pola-Besuch 1917 her kannte, legte Noske am nächsten Tag den zurückgekehrten U-Boot-Soldaten die politische Situation eingehend dar. Noske erinnerte sich an das äußere Bild, das sich ihm gelegentlich dieser Veranstaltung darbot: „Blitzblank saßen sie bis auf den letzten Mann beieinander, brave, gut disziplinierte Leute."[260] Nach der Rede Noskes, deren Inhalt leider nicht überliefert ist, fragte der Flottillenchef, wer von den Leuten gewillt sei, zu dem Gouverneur zu stehen. Noske berichtet: „Wie aus einer Pistole geschossen schnellten ein paar hundert frische, straffe Leute in die Höhe", und, die weitere Entwicklung einbeziehend: „Sie haben mir treue Anhänglichkeit bewahrt."[261]

Erneut war es Noske durch sein persönliches Auftreten gelungen, das Vertrauen einer größeren Anzahl von Marinesoldaten zu gewinnen. Das vollzog sich durchaus nicht zwangsläufig. Denn die zurückgekehrten U-Boot-Besatzungen standen den revolutionären Veränderungen indifferent bis ablehnend gegenüber.[262] Wahrscheinlich akzeptierten sie Noske als die neue, legale Autorität, nachdem dieser sie mit Ruhe-und-Ordnung-Parolen beruhigt hatte. Vielleicht sahen sie in ihm auch den beherzten Mann, der sich in schwieriger Situation bemühte, „die Fahrt in die Katastrophe aufzuhalten".[263] Letzteres war jedenfalls bei Canaris der Fall, der schon wenige Tage später, Anfang Dezember 1918, in engeren Kontakt zu Noske trat, da er eine Funktion als Verbindungsoffizier des Ostseekommandos zum Gouverneur erhielt. Noskes „schlichte Ordnungsvorstellungen" – so der Canaris-Biograph Heinz Höhne[264] – zogen den jungen Marineoffizier „fast magisch" an. „Canaris faszinierten damals Männer, die sich durchsetzen und sich Respekt verschaffen konnten."

Damit war die personelle Konstellation vorhanden, mit der Loewenfeld operieren konnte. Denn sein dem Kreis der Seeoffiziere verbundener Mitarbeiter Canaris hatte fortan ständigen Zugang zu Noske. Wie dieser bewunderte auch Loewenfeld Noske als den Tatmenschen, „der einfach mehr Initiative hatte als sämtliche älteren Offiziere, die damals in maßgebenden Stellungen saßen".[265]

Trotz dieser – aus ihrer Sicht – guten Voraussetzungen für eine Zusammenarbeit haben die beiden Marineoffiziere den Kieler Gouverneur vor dem Jahreswechsel 1918/19 offenbar nicht ins Vertrauen gezogen, um zu erkunden, ob er ihren Plan unterstützen würde, aus eigener Initiative ein außerhalb der Kieler Militärorganisation stehendes Marine-Freikorps zu bilden. Denn sie wussten, dass das Bekanntwerden des Vorhandenseins einer Gruppe organisierter Seeoffiziere mit dezidiert konterrevolutionären Ambitionen sofortige Gegenmaßnahmen des misstrauischen Kieler Soldatenrats hervorgerufen hätte[266]; und sie konnten sich ausrechnen, dass Noske, der die Deckoffiziere und die Unteroffiziere hinter sich wusste und der mit einigen Offizieren der Ostseestation unter Konteradmiral Küsel recht konstruktiv zusammenarbeitete, Loewenfeld zu diesem Zeitpunkt wohl kaum unterstützt hätte.

Dieser ging daher einen anderen Weg. Er drängte seit Anfang Dezember 1918 das Stationskommando in Kiel sowie das Reichsmarineamt in Berlin, ihm den Aufbau eines Freikorps zu gestatten.[267] Hier wie dort stieß er auf Widerstand, da die höheren Marinebehörden in Kiel und Berlin befürchteten, das Loewenfeldsche Projekt einer an traditionellen Mustern orientierten und von Seeoffizieren geführten Truppe werde jeden Ausgleich mit den Soldatenräten zunichte machen und neuerliche schwere Konflikte hervorrufen.

Als Canaris im Auftrage Loewenfelds Anfang Dezember nach Berlin reiste, um dort mit Stellen Verbindung aufzunehmen, „die möglicherweise eine Art Gegenrevolution vorbereiteten" (Loewenfeld), fand dieser im Reichsmarineamt nur eindeutige Ablehnung; bei Hauptmann Waldemar Pabst und den beiden Brüdern Heinz und Horst von Pflugk-Harttung von der Garde-Kavallerie-Schützen-Division wurde er jedoch vertrauensvoll empfangen.[268] Pabst machte Canaris bei einem weiteren Besuch im Januar den bezeichnenden Vorschlag, die Deckoffiziere allmählich auszuschalten und an Stelle der „Eisernen Marinebrigade" ein Freikorps zu bilden.[269] Noske wusste zu diesem Zeitpunkt nichts von den engen Verbindungen zwischen Loewenfeld, Canaris und Pabst, die als die aktivsten konterrevolutionären Militärs in Kiel und Berlin gelten konnten und die in Noskes weiterer politischer Tätigkeit als Reichswehrminister noch eine wichtige, für ihn, den Reichswehrminister, schließlich verhängnisvolle Rolle spielen sollten. Obwohl der Regierungsaufruf „Freiwillige vor!" vom 7. Januar 1919 eine

Möglichkeit geboten hätte, den Wünschen Loewenfelds zur Bildung eines Marine-Freikorps nachzukommen, dauerte es noch bis zum Februar, ehe der Kieler Korvettenkapitän formell ermächtigt wurde, aus den „Getreuen", die er seit November 1918 um sich gesammelt hatte, eine Truppe zu bilden.[270] Canaris, der erneut nach Berlin gereist war, gelang es – ausgerechnet mit Hilfe des Vorsitzenden des Deckoffizierbundes, Alboldt – unter Umgehung aller Dienstwege zu Noske vorzudringen und von ihm am 3. Februar 1919 eine auf den Namen Loewenfeld ausgestellte Vollmacht zur Bildung eines Freikorps zu erhalten.[271] Loewenfeld selbst sprach wahrheitsgemäß von einer nachträglichen Sanktionierung seiner schon Monate zuvor begonnenen Aktivitäten.[272] Unter anderem hatte er Verpflegung, Bekleidung, Bewaffnung und Ausrüstung für 2000 Mann beschafft, ohne dass die militärischen Dienststellen davon Kenntnis hatten.[273]

Als in Kiel bekannt wurde, dass Loewenfeld eine schriftliche Vollmacht Noskes zum Aufbau einer „Regierungstruppe" in Händen hatte, rief dieser Vorgang heftigen Widerstand hervor. Loewenfeld notierte: „Schärfste Gegenwirkung, sobald Unternehmen bekannt, durch Soldatenrat, durch militärische Marinestation (Konteradmiral Küsel), teilweise auch durch Reichsmarineamt und durch die s.Zt. dienstmachende Truppe, die republikanische Wehr[274], die ihr Ende voraussah. Militärische Marinestation erhoffte immer noch, von sich aus Offiziere in die politisch infizierten Truppenteile hineinkommandieren und damit Ordnung schaffen zu können, und sah darin einen möglichen Weg zur Gesundung. Konteradmiral Küsel fürchtete durch Aufstellen des Freikorps gerade in Kiel schwere Ausschreitungen, die eventuell zur allgemeinen Anarchie und Mord in Kiel führen würden."[275] Küsel soll Loewenfeld als „Verbrecher" beschimpft haben.[276] Er befürchtete, die radikalen Kieler Matrosen würden als Reaktion auf die Freikorpsgründung gewaltsam gegen die Offiziere und ihre Familien vorgehen. In Briefen an den designierten Chef der Admiralität, Adolf v. Trotha, und an den Chef der Zentralabteilung im Reichsmarineamt, Fregattenkapitän Erich Raeder, warnte Küsel eindringlich vor dem Unternehmen Loewenfeld.[277] Falls es entgegen seinem Rat gestartet würde, werde Gustav Garbe – der Nachfolger Noskes als Gouverneur von Kiel – in die Opposition gedrängt, und die Kieler Arbeiter würden in die Hände der USPD getrieben.

Das Reichsmarineamt wie auch die Offiziere der Ostseestation Kiel fühlten sich auch ganz formell von Noske übergangen, der sie nicht einmal um ihre Meinung gefragt und dann unter Umgehung aller Dienstwege eine Einzelweisung erteilt hatte. Der Kieler Oberste Soldatenrat erkannte sofort, dass der Erfolg Loewenfelds eine Provokation, aber auch eine Niederlage des Soldatenrates bedeutete; denn er hatte sich bei Noske nicht mit der Forderung durchzusetzen vermocht, neben der „Revolutionstreuen Sicherheitstruppe" keine weiteren Einheiten in Kiel zu bilden.[278]

Alles in allem war es schon eine bemerkenswerte Konstellation, die Noske da herbeigeführt hatte. Auf der einen Seite standen der Gouverneur Garbe (MSPD), der Chef des Stabes der Ostseestation, Konteradmiral Küsel, und der Kieler Oberste Soldatenrat; auf der anderen der Freikorpsführer Loewenfeld und sein Gönner, der sozialdemokratische Reichswehrminister Noske. Loewenfeld hat dessen Hilfe dankbar anerkannt: „Es heißt nur der Wahrheit zum Recht zu verhelfen, wenn ich […] sage, dass ohne Herrn Noskes Unterstützung die Aufstellung der 3. – und wahrscheinlich auch der 2. (Ehrhardt) – Marinebrigade unmöglich gewesen wäre."[279] Tatsächlich wich Noske vor den Widerständen, die seine Vollmacht an Loewenfeld hervorriefen, nicht zurück, sondern er bestellte Garbe und Küsel Anfang Februar 1919 nach Weimar und versuchte dort ihre Bedenken zu zerstreuen, ohne selbst zu irgendwelchen Zugeständnissen bereit zu sein.[280] Das Ergebnis war, dass Noske der Marinestation Ostsee am 18. Februar 1919 den ausdrücklichen Befehl erteilte, bei der Aufstellung eines Marinelandtruppenteils in Kiel unter dem Korvettenkapitän v. Loewenfeld mitzuwirken.[281]

Anfang März begann dann der offizielle Teil der Aufstellung des Freikorps, das am Tage der Aufstellung bereits 400 Mann stark war.[282] Dabei dürfte es sich um den Offizierbestand gehandelt haben, den Loewenfeld seit November 1918 auf privater Basis um sich versammelt hatte. Zwei Wochen später zählte das Freikorps 1500 Köpfe. Im Laufe des Jahres 1919 soll sich die Stärke auf 6000 Mann erhöht haben.[283] Den Kern des Verbandes bildeten junge Seeoffiziere, zumal Unterseebootfahrer.[284] Aber auch Deckoffiziere und Unteroffiziere meldeten sich freiwillig, da die Leitung des Deckoffizierbundes die Aufstellung unterstützte, womit sie offenbar die Hoffnung verband, auf die Besetzung der Führerstellen Einfluss nehmen zu können.[285] Offenbar durchschaute Alboldt die wirklichen Ziele Loewenfelds nicht.

So kann die Entstehung der Marinebrigade v. Loewenfeld als Beispiel für den Tatbestand gelten, dass Noske nach den Erfahrungen mit den Januarunruhen in Berlin „ohne Skrupel jeden Offizier, egal welcher Gesinnung, unterstützte, solange dieser in der Lage war, eine einsatzbereite Truppe aufzubauen und zu führen".[286] Zugleich belegt Noskes Vorgehen seit Januar/Februar 1919 aber auch, dass er nun nicht mehr, wie noch in seiner Zeit als Kieler Gouverneur, das Ziel verfolgte, einen Kompromiss zwischen den gegensätzlichen Interessen herzustellen, sondern dass er nun gegen alle Proteste und Widerstände seine Freikorps-Politik rigoros durchsetzte.[287] Die Beschaffung von Machtmitteln für die Reichsregierung besaß für ihn absolute Priorität. Seit Ende April 1919 war die Marinebrigade v. Loewenfeld an verschiedenen Brennpunkten des Reiches im Einsatz.[288]

Im Ergebnis bleibt festzuhalten, dass Noske, indem er die Bildung des Freikorps Loewenfeld gegen alle Widerstände durchsetzte, maßgeblich dazu beitrug, dass ausgerechnet in Kiel, jener Stadt, in der Anfang November 1918 das Signal zur deutschen Revolution gegeben wurde, eine republikfeindliche Formation entstand, die sich dann später, während des Kapp-Lüttwitz-Putsches vom März 1920, auch gegen ihn, den Reichswehrminister, wenden sollte[289], indem sie sich – ebenso wie die maßgeblich an dem Staatsstreich beteiligte Marinebrigade Ehrhardt, die in Wilhelmshaven aufgestellt worden war und noch eindeutiger konterrevolutionäre Ziele verfolgte – auf die Seite der rechtsradikalen Putschisten schlug.

Von Noske über Garbe zu Meurer. Die „Normalisierung“ der Kieler Verhältnisse im Frühjahr 1919

Überblickt man die militärpolitischen Maßnahmen, die Noske in seiner Funktion als Gouverneur von Kiel traf, im Zusammenhang, und zwar im Hinblick auf die Frage, ob sich bereits hier die Grundlinien seiner späteren Politik als Volksbeauftragter für Heer und Marine beziehungsweise als Reichswehrminister abzeichneten, so kommt man zu dem Ergebnis, dass sich in der Tat eine durchgehende Linie beobachten lässt. Von Anfang an suchte Noske die Zusammenarbeit mit den durch die Revolution zunächst entmachteten Offizieren sowie mit den Deckoffizieren und Unteroffizieren, also mit dem – in seiner Sicht – allein funktionstüchtigen Militärpersonal. Die Soldatenräte betrachtete er – ebenfalls von Beginn an – als eine bloße Übergangserscheinung. Er akzeptierte sie, solange sie ihre demokratische Legitimation dazu einsetzten, Ordnungsaufgaben zu übernehmen, drängte sie dann aber zielstrebig zurück, wobei ihm die personelle Demobilmachung sehr zustatten kam, weil sie den Räten ihre Basis entzog. Dem Plan, in Kiel eine „rote Truppe“ aufzustellen, stand er grundsätzlich ablehnend gegenüber, weil er von politisierenden Soldaten nichts hielt, wohl aber von militärischer Disziplin. Auch später, bei den Januarunruhen in Berlin und anderen Gelegenheiten, sollte sich dann zeigen, dass Noske keinerlei Zutrauen zu republikanischen Verbänden hatte und statt dessen die Freikorps förderte, in denen die alten Offiziere den Ton angaben und in denen eine Form von Disziplin herrschte, die ihm vertraut war und von der er sich die Verwendbarkeit der Truppe als Instrument der Politik versprechen konnte.

Als seine zentrale Aufgabe, die er in Kiel zu bewältigen hatte, sah Noske die Wiederherstellung von „Ruhe und Ordnung" an. Darüber hinausgehende Erwartungen durfte man an ihn nicht stellen. Den Kieler Soldatenräten gab er keine Impulse zu einer weitergehenden Demokratisierung in der Marine. Wenn von Kiel gleichwohl Anstöße zu einer demokratischen Militärpolitik ausgingen („Kieler Punkte"[290]), so geschah dies nicht durch Noske, sondern trotz Noske. In Erinnerung an seine Kieler Zeit erfreute er sich, als er in den dreißiger Jahren seine Memoiren niederschrieb, an folgendem Gedanken: „Von Kiel aus wäre, wenn ich die rote Sturmfahne ergriffen und vorangetragen hätte, eine Flut über Deutschland hinweggebraust, deren Ausmaß man sich heute kaum ausdenken kann."[291] Dieser hypothetische Satz war jedoch nichts als ein Spiel mit Worten; denn Noskes politische Einstellung ließ nur eine pragmatische Ordnungspolitik zu, nicht aber eine risikoreiche Veränderungspolitik.

Seit Weihnachten 1918 war Noske in Kiel nicht mehr persönlich anwesend. Von Berlin aus richtete er zum Jahreswechsel 1918/19 einen Aufruf an die Soldaten der Marinestation der Ostsee, in dem er seiner Freude darüber Ausdruck gab, dass Kiel so rasch zur Ordnung zurückgekehrt war.[292] Im Übrigen versuchte er in allgemein gehaltenen Redewendungen Zuversicht über die weitere Entwicklung des Landes zu verbreiten. Der Aufruf hatte folgenden Wortlaut:

„Kameraden! Das verflossene Jahr 1918 brachte das Ende des Krieges. Der Waffenstillstand auferlegt dem deutschen Volke furchtbare Bedingungen. Die Marine musste dem Gegner ihre besten Schiffe überliefern. An fremder Küste harren eine beträchtliche Anzahl Kameraden des Friedenstages, der

Nr. 56. Kiel, den 31. Dezember 1918. 168

Gouvernements- und Stations-Tagesbefehl.

Kameraden!

Das verflossene Jahr 1918 brachte das Ende des Krieges. Der Waffenstillstand auferlegt dem deutschen Volke furchtbare Bedingungen. Die Marine mußte dem Gegner ihre besten Schiffe überliefern. An fremder Küste harren eine beträchtliche Anzahl Kameraden des Friedenstages, der ihnen erst die Rückkehr in die Heimat ermöglicht. Die Revolution brauste über Deutschland hinweg. In Kiel ist nach wenigen Sturmtagen rasch wieder leidliche Ordnung eingekehrt, die langsam aber stetig Fortschritte macht. Ein neues, freies, glückliches Deutschland soll aufgebaut werden. Wer bisher für Land und Volk seine Kraft einsetzte, sei gedankt. Die schwersten Aufgaben harren ihrer Lösung. Setze dafür jeder Mann an seinem Platze alles Können ein. In freiwilliger Disziplin und treuer Pflichterfüllung zum Wohle unseres Vaterlandes hat die Marine ihre Obliegenheiten zu erledigen. Vom Jahre 1919 erhoffen wir, daß es uns bald den endgültigen Frieden bringt. Wird er auch hart sein, garantiert doch der gesunde Sinn des deutschen Volkes, seine Tüchtigkeit und Freudigkeit zur Arbeit, daß den düsteren Tagen, die wir durchlebten, und Zeiten schwerer Not und Sorgen, die noch bevorstehen, eine Zukunft voller Freiheit, Glück und Wohlstand für alle folgen wird. In dieser Zuversicht wünsche ich allen Angehörigen der Ostseestation ein frohes Neujahr.

Der Gouverneur gez. **Noske**

Abb. 15 Aufruf Noskes zum Jahreswechsel 1918/19, in: Tagesbefehle der Marinestation der Ostsee 1918, aus: Bundesarchiv – Militärarchiv, Freiburg, RM 31/v. 2394, Bl. 168.

ihnen erst die Rückkehr in die Heimat ermöglicht. Die Revolution brauste über Deutschland hinweg. In Kiel ist nach wenigen Sturmtagen rasch wieder leidliche Ordnung eingekehrt, die langsam aber stetig Fortschritte macht. Ein neues, freies, glückliches Deutschland soll aufgebaut werden. Wer bisher für Land und Volk seine Kraft einsetzte, sei gedankt. Die schwersten Aufgaben harren ihrer Lösung. Setze dafür jeder Mann an seinem Platze alles Können ein. In freiwilliger Disziplin und treuer Pflichterfüllung zum Wohle unseres Vaterlandes hat die Marine ihre Obliegenheiten zu erledigen. Vom Jahre 1919 erhoffen wir, dass es uns bald den endgültigen Frieden bringt. Wird er auch hart sein, garantiert doch der gesunde Sinn des deutschen Volkes, seine Tüchtigkeit und Freudigkeit zur Arbeit, dass den düsteren Tagen, die wir durchlebten, und Zeiten schwerer Not und Sorgen, die noch bevorstehen, eine Zukunft voller Freiheit, Glück und Wohlstand für alle folgen wird. In dieser Zuversicht wünsche ich allen Angehörigen der Ostseestation ein frohes Neujahr.

Der Gouverneur gez. Noske“

Obwohl Noske zu diesem Zeitpunkt bereits in den Rat der Volksbeauftragten eingetreten war[293], übte er sein Gouverneursamt formell noch bis zum 6. Januar 1919 aus. Dann war seine „Kieler Mission“ offiziell beendet, was aber nicht bedeutete, dass Noske fortan keinen Einfluss auf die weitere Entwicklung in der Ostseestadt genommen hätte. Die Vielzahl persönlicher Verbindungen, die er während seiner Anwesenheit in Kiel geknüpft hatte, führte dazu, dass sich Kieler Politiker, Vertreter der Berufsorganisationen der Marineangehörigen, Soldatenräte und führende Militärs in den kommenden Monaten des Öfteren an den Minister in Berlin wandten. Mehrfach fuhren auch ganze Delegationen aus Kiel zu ihm. Das rührte wohl daher, dass Noske es während seiner Amtszeit als Kieler Gouverneur verstanden hatte, mit nahezu allen politischen und militärischen Gruppierungen gleichermaßen gut auszukommen und so ein reiches Kapital an Vertrauen anzusammeln. Dabei war ihm gewiss die politische Struktur der Ostseestadt entgegengekommen, deren Hauptmerkmal in dem bestimmenden Einfluss der Mehrheitssozialdemokratie bestand. Diese Dominanz wurde in den Wahlen zur Nationalversammlung am 19. Januar 1919 erneut bestätigt. Die MSPD errang mit 50,2 Prozent der Stimmen die absolute Mehrheit, wogegen die USPD nur 7,6 Prozent erreichte. Mit 42,1 Prozent blieben die bürgerlichen Parteien eine starke Minderheit.[294] Dieses politische Kräfteverhältnis führte dazu, dass es in Kiel im Frühjahr 1919 zwar mehrfach zu Unmutsäußerungen und Protesten gegen die Politik der Reichsregierung kam, nicht aber, wie anderswo im Reich, zu einer Konfrontation mit Berlin.

Der erste Konflikt, in dem Noske nun kraft seines neuen Amtes zu entscheiden hatte, entbrannte schon vor seinem offiziellen Rücktritt vom Gouverneursposten, und zwar in der Nachfolgefrage.[295] Das für die Neubesetzung zuständige Reichsmarineamt ging davon aus, dass nun wieder ein Admiral an die Spitze der Ostseestation gestellt werden müsse, da – so die Sicht des RMA – die Betrauung Noskes mit dem Gouverneursamt durch die revolutionäre Entwicklung in Kiel erzwungen und nur provisorisch war. Daher ernannte es infolgedessen den in Wilhelmshaven abkömmlichen Konteradmiral Hugo Meurer zum Chef der Marinestation der Ostsee.[296] Diese Entscheidung stieß in Kiel jedoch auf heftigen Widerspruch.[297] Sowohl der Arbeiterrat als auch der Oberste Soldatenrat wollten keinen Admiral, sondern einen Politiker als Nachfolger Noskes auf dem Gouverneursposten.

Obwohl die Reichsregierung, die von diesen Bestrebungen Kenntnis erhalten hatte, telegrafisch erklärte, die Kommandierung Meurers sei „im vollen Einverständnis mit dem Gouverneur Noske erfolgt" und es sei nicht angängig, dass in Kiel ein Gouverneur ohne Genehmigung der Regierung ernannt werde[298], wählte die Vertrauensmännerversammlung des Befehlsbereichs Kiel am 9. Januar 1919 den Gewerkschaftssekretär und Vorsitzenden des Kieler Arbeiterrats, Gustav Garbe, zum

Gouverneur von Kiel.[299] Die Reichsregierung, die zunächst unter Hinweis auf das vorliegende Einverständnis Noskes das Reichsmarineamt gedeckt hatte, rückte nun von dieser Linie ab und ernannte Gustav Garbe zum Gouverneur.[300] Wahrscheinlich ging der Ernennung eine entsprechende Vermittlung Noskes voraus.[301] Stellvertreter des neuen Gouverneurs Garbe blieb der Chef des Stabes der Ostseestation, Konteradmiral Küsel, der das Vertrauen Noskes besaß. Küsel regelte mit seinem Stabe die militärischen Angelegenheiten der Station, von denen Garbe nichts verstand, weitgehend selbstständig.

Mit der Ernennung Garbes konnte sich die Kieler Basis ein letztes Mal gegen die Marinespitze, nämlich das Reichsmarineamt, durchsetzen. Da jedoch Meurers Kommandierung nicht zugleich rückgängig gemacht wurde, sondern in der Schwebe blieb, konnte jeder der Beteiligten ahnen, dass es sich nur um ein zeitweiliges Nachgeben, nicht aber um eine auf Dauer gültige Entscheidung handelte. Den geeigneten Anlass für einen neuerlichen Vorstoß der Marinebürokratie, den Gouverneursposten wieder mit einem Offizier zu besetzen, bot dann die Aufhebung des Belagerungszustandes. Formell gesehen, hatte der Posten des Gouverneurs jetzt gänzlich zu verschwinden. Der Stationschef behielt seine militärischen Kompetenzen, während die politischen und administrativen Aufgaben, die mit den militärischen zusammen während der Kriegszeit in der Hand des Gouverneurs gekoppelt waren[302], an die Zivilverwaltung zurückfielen.

Dem Wirken des Gouverneurs Garbe wurde mit der Aufhebung des Belagerungszustandes „faktisch der Boden entzogen“; die Neuregelung kam „einer Amtsenthebung des in militärischen Dingen unerfahrenen Zivilisten Garbe gleich“.[303] Dass der Kieler Gouverneur nun eigentlich keine Existenzberechtigung mehr habe, wurde in einer Besprechung, die der Volksbeauftragte Noske mit den Admiralen Maximilian Rogge, Hugo Meurer und Franz Willi Brüninghaus am 1. Februar 1919 in Berlin führte, denn auch klar gesagt.[304]

Um den zu erwartenden Konflikt mit dem Kieler Arbeiterrat und dem Obersten Soldatenrat nicht noch weiter anzuheizen, suchte Noske jetzt nach einem Kompromiss. Er machte im Einvernehmen mit Admiral Rogge, der den Staatssekretär des Reichsmarineamtes vertrat, das Angebot, Garbe als „Regierungsbeauftragten für Arbeiterfragen und für politische Fragen der Marine" zu belassen, ihm also lediglich die militärischen Kompetenzen zu nehmen. Der bisherige Chef des Stabes der Station Ostsee, Konteradmiral Küsel, sollte im Auftrage Noskes und des RMA versuchen, sich mit Garbe in diesem Sinne zu verständigen. Im Laufe eines Gesprächs, das Garbe und Küsel am 21. Februar 1919 mit Noske in Weimar führten, wo die Nationalversammlung tagte, wurde dieses Einvernehmen dann erreicht.[305]

Obgleich sich Garbe durchaus konzessionsbereit gab, wollte sich der Kieler Oberste Soldatenrat mit dieser weitgehenden Restaurierung des vorrevolutionären Zustandes nicht abfinden. Er lehnte die Einsetzung des Konteradmirals Meurer erneut ab und verlangte, dass der bisherige Gouverneur Garbe zum Stationschef ernannt werde.[306] Der von Noske und dem RMA vorgeschlagene Kompromiss einer Teilung der Kompetenzen wurde als Augenwischerei abgetan. Der damit in Gang gesetzte neuerliche Konflikt um die Besetzung des Gouverneurpostens zog sich über Monate hin. Er muss als Bestandteil der generellen Auseinandersetzungen um die Wiedereinführung der Kommandogewalt der Offiziere gesehen werden.[307] Eine Delegation des Kieler Obersten Soldatenrats reiste schließlich Anfang März 1919 nach Berlin, um mit Reichswehrminister Noske und Vizeadmiral Rogge erneut über die anstehenden Konfliktpunkte zu verhandeln.[308] Die Kieler Soldatenräte mussten nun begreifen, dass Noske ihrer Haltung keinerlei Verständnis mehr entgegenbrachte. Noske stellte sich auf den Standpunkt, dass der Primat der Politik auch dann gewährleistet sei, wenn wieder ein Offizier der Marinestation der Ostsee vorstehe. Er sagte: „Sie haben die Gewähr, dass ich als Sozialdemokrat Reichswehrminister bin, und der Stationschef kann nichts ausführen, womit ich nicht einverstanden bin.“[309] Die Vertreter des Kieler Soldatenrats – Franz Riefstahl, Klaus, Rannow[310] und Thümmel – fühlten sich von Noske „wie Handwerksburschen“ behandelt. Im Hinblick auf die frühere gute Zusammenarbeit mit dem Gouverneur stellte einer von ihnen – die Kontinuität der Anschauungen dieses Politikers verkennend – fest, „dass Noske kein Noske mehr ist, dass er eingewickelt ist von A bis Z“.[311] Seit er in Berlin sei und dort lediglich mit Offizieren zusammenarbeite, werde er nur noch einseitig informiert, könne sich kein eigenes Urteil mehr erlauben und man habe den Eindruck, dass er von seiner Umgebung ebenso eingewickelt werde wie früher der Kaiser. Als der schärfste Mann im RMA und als der „böse Geist von Noske“ galt Admiral Rogge.[312]

Diese Auseinandersetzung wurde dann in der Weise beendet, dass Noske Mitte März 1919 den Konteradmiral Meurer zum Chef der Marinestation der Ostsee ernannte und den bisherigen Gouverneur Garbe mit dem Titel „Zivilgouverneur“ schmückte.[313] Dieser Kompromiss konnte jedoch nicht darüber hinwegtäuschen, dass von nun an in Kiel wieder ein Offizier die einflussreichste Stellung einnahm. Die Belassung Gustav Garbes als Zivilgouverneur mit ungeklärten Kompetenzen war eigentlich eher ein dekoratives Zugeständnis an den Obersten Soldatenrat und an den Arbeiterrat.

Sein Amt als Zivilgouverneur übte Garbe nicht lange aus. Als die Ostseestation aufgrund des Gesetzes über die Bildung einer vorläufigen Reichsmarine[314] am 4. Juni 1919 umgebildet wurde, hob Noske seinen Posten endgültig auf. Damit war das schrittweise Zurückdrängen der in der Novemberrevolution erkämpften Machtpositionen, die zuletzt ohnehin nur noch symbolischer Natur waren, endgültig abgeschlossen. Wie vor Beginn des Krieges gab es nun wieder ausschließlich einen militärischen Stationschef.

Die Soldatenräte, die in Kiel eigentlich nur in der ersten Novemberhälfte 1918 eine starke politische Stellung hatten und die dann mit der fortschreitenden Demobilmachung ihrer Machtbasis Schritt für Schritt beraubt wurden[315], bildeten jetzt nur noch eine politische Randerscheinung.[316] Die in anderen Städten des Reiches im Februar und im April 1919 besonders stark geforderte Errichtung eines Rätesystems fand in Kiel keinen Widerhall.[317] Hier war die Resignation stärker als die Tendenzen zur Radikalisierung. Nicht einmal der Wille zur evolutionären Entwicklung des Erreichten vermochte sich durchzusetzen.

Obwohl die Offiziere nun wieder in ihre alten Machtpositionen eingesetzt waren, sich also im Ergebnis als die eigentlichen Sieger der „Normalisierung" der Kieler Verhältnisse im Frühjahr und Sommer 1919 betrachten konnten, blieb die Erfahrung der eigenen Ohnmacht, die sie während der Revolution machen mussten, ein wunder Punkt in ihrem Selbstwertgefühl. Dies bekam der Deckoffizier Franz Riefstahl, der seit Anfang Dezember 1918 im Kieler Obersten Soldatenrat eine führende Stellung inne hatte, noch viele Jahre später zu spüren. An Riefstahl, den der Freikorpskommandeur von Loewenfeld als einen „widerlichen, roten aufgeblasenen Gesellen und Offiziershasser" schilderte[318], erinnerte man sich nämlich 1934 wieder, als sich die Gegenrevolution in Gestalt des nationalsozialistischen Dritten Reiches etabliert hatte. Das nun Hermann Göring unterstehende preußische Innenministerium ließ die Marineabwehrabteilung Erkundigungen über Riefstahls Tätigkeit während der Revolutionszeit anstellen[319], um ihn auf Grund des Gesetzes zur Wiederherstellung des Berufsbeamtentums aus dem Beamtendienst entfernen zu können. Im Zuge dieser Ermittlungen denunzierte der ehemalige Chef des Stabes der Ostseestation, Küsel, seinen damaligen Gegenspieler Riefstahl, indem er aussagte, dieser habe sich „dann besonders hervorgetan, wenn es galt, die Seeoffiziere zu bekämpfen"; Riefstahl habe den stärksten Widerstand gegen die Einsetzung des Konteradmirals Meurer als Stationschef entfacht.[320] Es ist anzunehmen, dass dies ausreichte, um Riefstahl, der 1934 als Stadtamtmann beim Bezirksamt Berlin beschäftigt war, seiner Beamtenstellung zu entheben.

Zur Beurteilung dieses Vorganges muss nachgetragen werden, dass weder Riefstahl noch die übrigen Mitglieder des Kieler Obersten Soldatenrats vom Frühjahr 1919 typische Vertreter der linksradikalen Strömung waren, die sich der Politik des Reichswehrministers Noske konsequent widersetzten. Vielmehr akzeptierten sie rascher als anderswo die Januarverordnungen über die Wiedereinsetzung der Offiziere in die Kommandogewalt und protestierten auch nur schwach gegen die Aufstellung des konterrevolutionären Freikorps Loewenfeld. Wie die Auseinandersetzungen um den Gouverneursposten zeigten, gaben sie auch hier letztlich nach und waren bestrebt, im Einverständnis mit den mehrheitssozialdemokratisch eingestellten Soldatenbundsvorsitzenden Alboldt und Hirschmann zu handeln. Für die Kieler Entwicklung war es während der gesamten Übergangszeit charakteristisch, dass die Mehrheitssozialdemokratie einen so bestimmenden Einfluss ausübte, dass es hier trotz gelegentlicher Unmutsäußerungen über die Maßnahmen der Reichsregierung nicht zu einer zweiten revolutionären Welle kam.

Noske
Beigeordneter im Reichsmarineamt.
6492
H. Noack, Hofphot.
Berlin

Abb. 16 auf Seite 96 In der Zeit vom 14. November 1918 bis zu seiner Ernennung zum Volksbeauftragten für Heer und Marine am 29. Dezember 1818 – also parallel zu seiner Zeit als Kieler Gouverneur – wirkte der sozialdemokratische Reichstagsabgeordnete Gustav Noske auch als Beigeordneter im Reichsmarineamt (R.M.A.). In dieses Amt, das die Aufgaben eines Reichsministeriums wahrnahm, wurde Noske, der sich als langjähriger Militärexperte der SPD-Reichstagsfraktion einen Namen gemacht hatte, zusammen mit dem Reichstagsabgeordneten Ewald Vogtherr (USPD) entsandt. Noske war jedoch durch sein Gouverneursamt stark an Kiel gebunden und übte die Funktion des Beigeordneten im Reichsmarineamt nur nominell aus. Foto: H. Noack, Postkarte, Slg. Wette.

Abb. 17 Gustav Noske 1919 in Berlin bei einer Agitationsrede, Foto: Hauptstaatsarchiv Stuttgart, Film 1984/42.

III. Von Kiel nach Berlin

Noskes weitere Laufbahn: Volksbeauftragter und Reichswehrminister

Am 9. November 1918 hatten in Berlin je drei Vertreter der SPD und der USPD kraft revolutionären Rechts die Koalitionsregierung der Volksbeauftragten gebildet und die Republik proklamiert. Dieser „Rat der Volksbeauftragten" brach Ende Dezember 1918 wegen unlösbarer Meinungsverschiedenheiten militärpolitischer Natur auseinander, nämlich am Umgang der Regierung mit der in Berlin stationierten Volksmarinedivision. Die Angehörigen dieses Militärverbandes fühlten sich den radikaleren politischen Kräften verbunden, weshalb die Mehrheitssozialdemokraten ihren Einfluss beschneiden wollten. Nun zeigte sich, dass die Kompromissfähigkeit der Volksbeauftragten ausgereizt war. Die USPD-Vertreter zogen sich aus der Regierung zurück, und der Vorsitzende des Rates der Volksbeauftragten, Friedrich Ebert, ging nun den Weg, die entstandenen Lücken mit Vertretern seiner Partei, der MSPD, auszufüllen.

Bald kam in Berlin der Gedanke auf, Noske aus Kiel abzuziehen und ihn als Minister in die Regierung der Volksbeauftragten aufzunehmen. Dieser Gedanke lag aus mehreren Gründen nahe. Erstens genoss Noske den Ruf, auf unkonventionelle Weise den Revolutionsherd Kiel gebändigt und das dortige Leben wieder in normale Bahnen gelenkt zu haben. Zweitens war er als langjähriger Koreferent für den Reichsmarineetat als der militärpolitische Fachmann seiner Partei ausgewiesen und daher dazu prädestiniert, die Kompetenzen für Heer und Marine zu erhalten. Einen dritten Faktor bildete das persönliche Freundschafts- und Vertrauensverhältnis zwischen Ebert und Noske, das bei der Bewältigung der vielfältigen Probleme, die in der revolutionären Übergangszeit vom Kaiserreich zur Republik zu lösen waren, eine große Hilfe sein konnte.

Ende Dezember 1918 trat der Abgeordnete Noske in die Regierung der Volksbeauftragten ein und übernahm von Ebert das Ressort Heer und Marine. Sieht man einmal von der Episode ab, dass Ebert in der ersten Regierung der Volksbeauftragten die politische Verantwortung für die Militärfragen getragen hatte, so war Noske der erste SPD-Politiker in der deutschen Geschichte, der dem machtbewussten deutschen Militär als Regierungsmitglied vorstand. Das war gewiss keine einfache Aufgabe. Denn zumal vor 1914 war das Verhältnis von SPD und Militär distanziert bis feindselig gewesen. Das rührte

Abb. 18 Die zweite Regierung der Volksbeauftragten Dezember 1918 bis Februar 1919, bestehend aus fünf SPD-Politikern, von links nach rechts: Otto Landsberg, Philipp Scheidemann, Gustav Noske, Friedrich Ebert, Rudolf Wissel, Foto: Archiv der sozialen Demokratie, Bonn.

unter anderem daher, dass das preußische und später das deutsche Offizierkorps seit jeher als selbstbewusster politischer Faktor aufzutreten gewohnt war. Von der demokratischen Partei SPD wurde das als obrigkeitsstaatliche Anmaßung empfunden, als eines der Kennzeichen des Militarismus, den man seit Jahrzehnten bekämpfte.[321] Als er sein Amt antrat, musste Noske wissen, dass diese machtbetonte Mentalität der Berufsoffiziere fortbestand, obwohl die militärische Niederlage Deutschlands 1918 und die nachfolgende Novemberrevolution den Einfluss der militärischen Führungsschicht entscheidend geschwächt hatte.

In seinem neuen einflussreichen Regierungsamt agierte Noske im Grunde nach denselben Prinzipien wie zuvor in der überschaubaren Hafenstadt Kiel.[322] Aus einem ausgeprägten Anti-Chaos-Reflex heraus war er bestrebt, die in Berlin, Bremen, München und anderen Städten ausgebrochenen Unruhen zu bekämpfen, notfalls auch mit jenen militärischen Kräften, die aus der Kaiserzeit überkommen waren und die jetzt nur darauf warteten, wieder eingesetzt zu werden, um so ihre Daseinsberechtigung über das Kriegsende hinaus unter Beweis stellen zu können.

Die militärpolitischen Gestaltungsmöglichkeiten, die in dieser Zeit des Umbruchs mehr als sonst gegeben waren, wusste Noske dagegen kaum zu nutzen. Er versuchte es erst gar nicht. Der „Republikanische Führerbund“, bestehend aus sozialdemokratisch orientierten Offizieren, war ihm suspekt. Er zog ihn nicht heran. Statt dessen ließ er es zu, dass sich in den Freikorps, zu deren Gründung er im Angesicht der nicht abflauenden revolutionären Wellen aufgerufen hatte, rechtsradikale Desperados sammelten.

Die – wenig bekannte – Tatsache, dass der Rat der Volksbeauftragten am 12. Dezember 1918 ein „Gesetz zum Aufbau einer demokratischen Volkswehr“ beschlossen und damit ein uraltes sozialdemokratisches Versprechen eingelöst hatte, scheint Noske nicht als einen verpflichtenden Auftrag begriffen zu haben. Ihn interessierte nicht, was Soldaten dachten, sondern was sie in militärischer Hinsicht leisten konnten. Für den Machtmenschen Noske ging es ausschließlich darum, mit seiner Politik der „eisernen Faust“, die in der ersten Jahreshälfte 1919 etwa 3000 Menschenleben kostete, eine gewaltsame Befriedigung der deutschen Innenpolitik durchzusetzen.[323] Dass für diese Politik auch ein hoher Preis zu bezahlen war – Restauration der Macht des alten Militärs, Wiederaufleben militaristischer Tendenzen, Verlust des Vertrauens in seine Person und in seine Partei –, scheint Noske nicht deutlich genug gesehen zu haben.

Der Gedanke, dass das Militär in der neu gegründeten Republik grundlegend umgestaltet werden musste, weil es kein Gegner demokratischer Institutionen und sozialer Veränderungen sein durfte, hatte für Noske in dem – von Bürgerkriegsauseinandersetzungen geprägten – Jahr 1919 keine handlungsleitende Kraft. Statt dessen ließ er alle revolutionären Bestrebungen, die er entweder als „Unruhe“ oder als „bolschewistisch“ rezipierte, gewaltsam niederschlagen. Die unter seiner Verantwortung gebildete Vorläufige Reichswehr wurde in keiner Weise dem Anspruch gerecht, ein zuverlässiges Instrument der Republik zu sein. Statt dessen verselbständigte sich das Militär allmählich wieder, trat fordernd gegen eine Unterzeichnung des Versailler Vertrages auf, insbesondere gegen seine Abrüstungsbestimmungen.

Der Kapp-Lüttwitz-Putsch gegen die Republik vom März 1920 war im Kern gewaltsamer Eingriff des Militärs in die Politik der militärischen Demobilmachung.[324] Zumal die beiden Marinebrigaden, in denen sich ein von rechtsradikalem Gedankengut beeinflusster Korpsgeist herausgebildet hatte, sich nicht entwaffnen lassen wollten. Daher rebellierten sie, verjagten die demokratische Reichsregierung aus Berlin, versuchten eine Putschregierung zu etablieren und provozierten mit alledem einen Generalstreik, der dem Militärspuk schließlich – zumindest vorläufig – ein Ende bereitete. Nun wurde jedermann deutlich, dass Noske, der verantwortliche Reichswehrminister, die Gefahren nicht hatte kommen sehen oder doch unterschätzt hatte, dass er jedenfalls die Reichswehr nicht im Griff hatte. Er musste nun von seinem Amt zurücktreten.

Noske-Bilder damals und heute

Noskes Bild in der Erinnerung der Generationen wird nur zu einem geringen Teil durch seine Kieler Mission geprägt. Seine im eigentlichen Sinne historische Rolle spielte dieser sozialdemokratische Politiker erst nach dem Weggang aus Kiel und seinem Eintritt in die Regierung der Volksbeauftragten im Range eines Reichsministers. Daher muss, wer sich für die Noske-Bilder in der deutschen Erinnerungskultur interessiert, diese Zeit einbeziehen.

Schon 1919 galt Noske als der „starke Mann" seiner Zeit. Diese Charakterisierung war im Wesentlichen auf die Art und Weise zurückzuführen, wie sich dieser Politiker der ihm zur Verfügung stehenden Machtmittel bediente. Seine Rolle in der zweiten Regierung der Volksbeauftragten und in den nachfolgenden Kabinetten Philipp Scheidemann und Gustav Bauer (beide SPD) ist von manchen Zeitgenossen als so dominierend empfunden worden, dass sie von einer „Ära Noske" sprachen. Sie war gekennzeichnet durch eine gewaltsame Befriedungspolitik im Innern.

Umstritten war schon immer, nach welchen Kriterien diese Politik bewertet werden sollte. Noske selbst sah sich in der Rolle des Retters. Mit seiner Gewaltpolitik habe er Deutschland davor bewahrt, in den Bolschewismus abzudriften. Dafür loben ihn seine Anhänger bis zum heutigen Tage. Seine Gegner und Feinde dagegen bezeichneten ihn schon damals als „Bluthund" und als „Arbeiterschlächter". Heute meint, wer von Noske spricht, nicht nur diesen Politiker als handelnde Persönlichkeit, sondern zugleich die komplizierte politische Frage, ob die deutsche Geschichte damals, während des Knoten- und Wendepunktes von 1918/19, auch anders hätte verlaufen können, wenn die Politiker nur ihre Gestaltungschancen besser genützt hätten. Verallgemeinernd lässt sich feststellen: Noske war und ist der umstrittenste Politiker der deutschen Sozialdemokratie.

Ein Beispiel dafür bot ein politischer Disput in der Landeshauptstadt Kiel im Jahre 1982. Es ging um das Für und Wider der Benennung einer Straße oder eines Parks nach Gustav Noske. Den Anstoß dazu hatte der renommierte Historiker Karl Dietrich Erdmann gegeben, der bereits in den 1950er Jahren eine Geschichtsinterpretation vertreten hatte, die in starkem Maße von der Feindkonstellation des Kalten Krieges geprägt war und über die politisch konservativen Kreise hinaus Anklang fand. Erdmann argumentierte, es sei in der deutschen Revolution von 1918/19 um die Alternative Rätestaat oder parlamentarische Demokratie gegangen. Noske habe – ebenso wie der aus Kiel stammende Gewerkschaftsführer Carl Legien – „dazu beigetragen, dass die von Kiel ausgehende Revolution im Endergebnis nicht zu einem Rätestaat, sondern über die demokratisch gewählte Nationalversammlung zur parlamentarischen Weimarer Republik" geführt habe.[325] Dieser Geschichtsdeutung zufolge – an der Noske selbst seinen Gefallen gefunden hätte – hatte dieser Politiker also Deutschland vor dem Bolschewismus gerettet.

Die Reaktion auf Erdmanns damaligen Vorschlag war bezeichnend. Nicht die SPD, der Noske zeitlebens angehört hatte, setzte sich nun für einen „Gustav-Noske-Park" ein, sondern die CDU-Ratsherrenfraktion der Stadt. Ihre Begründung lautete, Noske sei „ein Vorbild für unsere Demokratie". Im Hinblick auf Kiel argumentierte sie, ihm sei „die Eindämmung der hiesigen revolutionären Bewegungen gelungen". Damit brachte die CDU die Sozialdemokraten in ziemliche Verlegenheit. Ihre Scheu, sich mit dem von rechts hofierten ehemaligen Reichswehrminister zu identifizieren, machte sich in Ablenkungsmanövern Luft. So schlug der schleswig-holsteinische Landesverband der Arbeitsgemeinschaft sozialdemokratischer Juristen (AsJ) seinerzeit vor, anstelle von Noske einen anderen prominenten Sozialdemokraten zu ehren, nämlich den vormaligen Kieler Reichstagsabgeordneten und Rechtsphilosophen Gustav Radbruch, der in der Weimarer Republik auch kurzzeitig das Amt des Reichsjustizministers bekleidet hatte. Die Mehrheit von SPD und FDP lehnte 1982 den CDU-Vorschlag „Noske-Park“ ab.

Dieses Geplänkel vermag exemplarisch zu erhellen, wie umstritten Noske in seiner Zeit als aktiver Politiker war und wie umstritten er letztlich bis heute geblieben ist. Der erste Reichswehrminister der Weimarer Republik wird im Regelfall von der politischen Rechten gelobt, von den Kommunisten verteufelt und von den Sozialdemokraten selbst als unverdaulich angesehen. Jenseits von parteipolitischen Kontroversen der geschilderten Art geht es bei der Beurteilung des politischen Wirkens von Gustav Noske immer auch um die Frage, ob das Scheitern der ersten deutschen Republik wirklich auf die Weltwirtschaftskrise von 1929 und das nachfolgende Erstarken der NSDAP Hitlers zurückzuführen ist, oder ob die Chancen zur Schaffung eines stabilen Fundaments der Republik schon 1919, also am Beginn, nicht entschieden genug ergriffen wurden.

IV. ANHANG

Anmerkungen

1 Noskes Lebensweg wird ausführlich beschrieben in meiner Noske-Biographie: Wette, Noske (2. Aufl. 1988), Abschnitte II, III und IV (S. 33–196).
2 Siehe dazu meine Kurzbiographie Noskes in dem Lexikon: Demokratische Wege.
3 Vgl. dazu in Einzelnen meine Abhandlung: „Reichstag und „Kriegsgewinnlerei".
4 Ausführlich beschrieben in meiner Noske-Biographie, Abschnitte VI–XI.
5 Vgl. Deist, Politik der Seekriegsleitung; sowie die Arbeit des sozialdemokratischen Reichstagsabgeordneten Dittmann, Marine-Justizmorde.
6 Vgl. zum Folgenden Dähnhardt, Revolution. Dieser Spezialstudie verdankt die nachfolgende Darstellung wertvolle Aufschlüsse.
7 Vgl. die Aussage Steinhäusers, BA-MA RM 31/v. 2373, Bl. 23 f., sowie Konteradmiral Küsels Schilderung des Vorgangs, BA-MA RM 8/1026, Bl. 29–31.
8 Formulierung von Noske, Kiel bis Kapp, S. 8.
9 Vgl. Dähnhardt, Revolution, S. 79.
10 Kluge, Soldatenräte, S. 39, erwähnt, der Staatssekretär des RMA, von Mann, habe bereits am 30. 10. 1918 Informationen über die Meuterei der Matrosen auf den Hochseegeschwadern in Wilhelmshaven besessen, aber erst am 2. 11. das Kabinett hiervon in Kenntnis gesetzt, womit er seine Informationspflicht gegenüber der Regierung verletzt habe.
11 Text des Telegramms in: Militär und Innenpolitik II, Nr. 502, S. 1360–1362. Original im Kriegstagebuch der Station O, BA-MA RM 31/v. 2388, Bl. 536.
12 Militär und Innenpolitik II, S. 1361 f.
13 Konteradmiral a.D. Küsel, Beitrag zur Geschichte des revolutionären Umsturzes in der Kaiserlichen Marine und in Kiel. November 1918, BA-MA RM 8/1026, Bl. 25.
14 Ausführliche Belege bei Dähnhardt, Revolution, S. 77 f.
15 Ebda., S. 61, 75, 80. Gegen seine Kritiker verteidigte sich Souchon mit seiner kurzen Darstellung „Meine Eindrücke von der Revolution in Kiel November 1918", die er am 7. 3. 1920 an Admiral v. Trotha sandte, BA-MA N 156/6, Bl. 8-1-0.
16 Andere Einschätzung der Lage bei Schmidt, Heimatheer, S. 45 ff., der von einem „Versagen des Gouvernements" (S. 51) spricht, das die Din

ge habe treiben lassen, statt den Machtanspruch der überkommenen Militär- und Staatsgewalt durchzusetzen (S. 63).

17 Noske, Wie ich wurde, S. 30, ders., Kiel bis Kapp, S. 8, ders., Erlebtes, S. 69.

18 Dähnhardt, Revolution, S. 81.

19 Protokoll der Kabinettssitzung vom 4. 11. 1918 in: Regierung Max von Baden, Dok. 123.

20 Aussage Scheidemanns, Dolchstoß-Prozeß 1925, S. 241.

21 Scheidemann, ebda., S. 242.

22 Scheidemann, Memoiren II, S. 267; Noske, Kiel bis Kapp, S. 8.

23 Regierung Max von Baden, Nr. 122, S. 496.

24 Max von Baden, Erinnerungen, S. 572 f.

25 Scheidemann, Dolchstoß-Prozeß 1925, S. 242.

26 Biographische Daten Haußmanns in: Schwarz, M.d.R., S. 340.

27 So heißt es im Kabinettsprotokoll. Siehe: Regierung Max von Baden, S. 497. Vizeadmiral v. Mann sagte, die Abgeordneten sollten „auf die Stimmung einwirken", ebda., S. 491. Vgl. auch Max von Baden, Erinnerungen, S. 572.

28 In diesem Sinne äußerte sich Haußmann nach seinem Eintreffen in Kiel am 4. 11. 1918 abends. Siehe Militär und Innenpolitik II, Nr. 503, S. 1368.

29 Noske, Dolchstoß-Prozeß 1925, S. 178; sowie Noske, Wie ich wurde, S. 30.

30 Noske, Kiel bis Kapp, S. 8.

31 Ebda.

32 Ebda.

33 Ebda., S. 10.

34 Haußmann, Schlaglichter, S. 265. Aufzeichnung vom 4. 11. 1918. Ebenso berichtete Haußmann in der Kabinettssitzung am 5. 11. 1918, Noske sei mit großem Beifall empfangen worden. Siehe: Regierung Max von Baden, S. 537.

35 Noske, Kiel bis Kapp, S. 10.

36 Dähnhardt, Revolution, S. 82.

37 Ausdruck von Dittmann, Marine-Justizmorde. Vgl. auch Rahn, Führungsprobleme, S. 171–189, der die Vorgänge aus marine-immanenter Sicht betrachtet, aber zugleich eindeutig aussagt, die Marineführung habe seinerzeit „den Einfluss der Reichsleitung bewusst ausschalten" wollen (S. 180).

38 Max von Baden, Erinnerungen, S. 572 f.; Faksimile in: WUA 4. R. Bd 9/I, S. 439; ebenfalls in: Kluge, Soldatenräte, S. 41.

39 Dähnhardt, Revolution, S. 82.

40 Protokoll der Kabinettssitzung am 4. 11. 1918, Regierung Max von Baden, Dok. 123, S. 495.

41 Ebda., S. 491.

42 Ebert in der Sitzung des Interfraktionellen Ausschusses am 4. 11. 1918, Regierung Max von Baden, Nr. 123, S. 499.
43 Zur Geschichte dieses Topos vgl. Wette, Militarismus (2008), Kap. IV/8: Heroischer Untergang – Entartung oder Konsequenz des Militarismus?, S. 196–214.
44 Dolchstoß-Prozeß 1925, S. 177.
45 Dittmann, Marine-Justizmorde, S. 104.
46 Noske, Kiel bis Kapp, S. 11.
47 Ebda.; über diese Ansprache gibt es lt. Dähnhardt, Revolution, S. 86, Anm. 379, keine weiteren Berichte.
48 Popp, Ursprung, S. 21; Dähnhardt, Revolution, S. 89 ff.; Noske, Kiel bis Kapp, S. 12.
49 Abgedruckt in: Popp, Ursprung, S. 21 f.
50 Vgl. zum Folgenden das Fernschreiben der Ostseestation Kiel vom 5. 11. 1918 an das Reichsmarineamt, BA-MA RM 8/1010, Bl. 23.
51 Kurzprotokoll der Sitzung im Stationsgebäude am 4. 11. 1918 abends in: Militär und Innenpolitik II, Nr. 503, S. 1365 f.; Original in: BA-MA RM 31/v. 2373, Bl. 40–50.
52 Militär und Innenpolitik II, Nr. 503, S. 1365 f.
53 Dähnhardt, Revolution, S. 86.
54 Militär und Innenpolitik II, Nr. 503, S. 1366 und 1368.
55 Ebda., S. 1368.
56 Differenzierend Kluge, Soldatenräte, S. 41 f.
57 Militär und Innenpolitik II, Nr. 503, S. 1369.
58 Ebda., S. 1370. Vgl. auch das Fernschreiben des Kommandos der Marinestation der Ostsee vom 6. 11. 1918 an die vorgesetzten Marinebehörden, BA-MA RM 31/v. 2373, Bl. 56
59 Militär und Innenpolitik II, Nr. 503, S. 1369.
60 Der telegrafische Bericht Haußmanns ist abgedruckt in: Max von Baden, Erinnerungen, S. 578 f.
61 Flugblatt des Kieler Soldatenrats vom 5. 11. 1918, BA-MA RM 31/v. 2390, Bl. 9. Angesichts der unerfüllt gebliebenen politischen Forderungen bezeichnet Kluge, Soldatenräte, S. 42, das Ergebnis der Sitzung als „mager“.
62 Haase traf tatsächlich in Kiel ein, besprach sich mit Noske, und reiste dann wieder nach Berlin ab, ohne in die Kieler Entwicklung eingegriffen zu haben.
63 Bericht Haußmanns vor dem Gesamtkabinett am 5. 11. 1918, Regierung Max von Baden, Nr. 129, S. 535–537.
64 Dähnhardt, Revolution, S. 100, unter Bezug auf Haußmann.
65 Kluge, Soldatenräte, S. 39.
66 Dass von Kiel das „Signal zur deutschen Revolution“ ausging, erwähnten die Repräsentanten der Ostseestadt nicht ohne Stolz in ihrem

Geleitwort vom Mai 1978 zu der Untersuchung von Dähnhardt, Revolution, S. 7.
67 Popp, Ursprung, S. 23; Dähnhardt, Revolution, S. 91 f.
68 Ebda, S. 92, Anm. 403.
69 Detaillierte Schilderung der Vorgänge ebda., S. 97.
70 Vgl. den Bericht des Chef des Stabes der Ostseestation, Konteradmiral Küsel, vom 22. 12. 1918, BA-MA RM 8/1027, Bl. 114–116.
71 Siehe den 14. der „14 Kieler Punkte", Popp, Ursprung, S. 21 f.
72 Noske, Kiel bis Kapp, S. 15.
73 Ebda., S. 17.
74 Ebda.
75 So die Vermutung von Dähnhardt, Revolution, S. 101.
76 Zum Folgenden Noske, Kiel bis Kapp, S. 17 f.; Popp, Ursprung, S. 23 f.
77 Noske, Kiel bis Kapp, S. 18.
78 Popp, Ursprung, S. 24. Das Kieler Stationskommando (gez. von Artelt und Noske) teilte dem RMA am 6. 11. 1918 fernschriftlich mit: „Gegen Mittag [des 5. 11.) erhält Abgeordneter Noske von Versammlung auf Wilhelmsplatz ausübende Gewalt." BA-MA RM 31/v. 2373, Bl. 57.
79 Kluge, Soldatenräte, S. 43; ebenso Dähnhardt, Revolution, S. 102.
80 Der Umsturz stellte sich Noske als „kopfloses Durcheinander" dar; so eine Kapitelüberschrift in: Noske, Kiel bis Kapp, S. 15.
81 Ebda., S. 19; Dähnhardt, Revolution, S. 101.
82 Noske, Kiel bis Kapp, S. 19.
83 Das Flugblatt „Beschlüsse des Soldatenrates" vom 5. 11. 1918 befindet sich im Stadtarchiv Kiel. Faksimile in: Dähnhardt, Revolution, S. 96.
84 Militär und Innenpolitik II, Nr. 504, S. 1373 f.
85 Dähnhardt, Revolution, S. 106 f.
86 Protokoll der Sitzung des Kriegskabinetts am 5. 11. 1918, Regierung Max von Baden, Nr. 129, S. 537 ff.
87 Haußmann, Schlaglichter, S. 266.
88 Die Regierung des Prinzen Max von Baden, Nr. 131a, S. 547, Anm. 3. Vgl. auch die Schilderung des damaligen Vizekanzlers von Payer, Reichskanzlerschaft, S. 115. Payer datierte das Telefonat mit Noske versehentlich auf den 4. 11. um Mitternacht.
89 Scheidemann, Zusammenbruch, S. 193.
90 Regierung Max von Baden, Nr. 131a, S. 547.
91 Ebda., S. 547 ff.
92 Dähnhardt, Revolution, S. 108, behauptet, Noske sei um das Eindämmen bemüht gewesen, bringt aber keine Belege für diese These bei.
93 Popp, Ursprung, S. 26; Dähnhardt, Revolution, S. 108.
94 Regierung Max von Baden, S. 553–554; Scheidemann, Zusammenbruch, S. 196; Noske, Kiel bis Kapp, S. 19. Siehe auch das Schreiben des Vizekanzlers von Payer an die Reichstagsabgeordneten Stolten, Dr. Blunck

und Stubbe vom 6. 11. 1918, in dem er diese von den erwähnten, von Staatssekretär Scheidemann an Noske übermittelten Kabinettsbeschlüssen informierte, BA-MA RM 20/9, Bl. 127.

95 Noske, Kiel bis Kapp, S. 23.

96 Friedrich Ferdinand Hoff, MdR (FVP) und Mitglied des preußischen Abgeordnetenhauses. Dr. Wilhelm Struve, MdR (FVP). Die beiden Reichstagsabgeordneten hatten bereits am 4. 11. 1918 an der Besprechung zwischen den Vertretern des Gouvernements Kiel und des Arbeiter- und Soldatenrats in Anwesenheit von Noske und Haußmann teilgenommen. Siehe: Militär und Innenpolitik II, Nr. 503, S. 1346.

97 Noske, Kiel bis Kapp, S. 23.

98 Ebda., S. 25.

99 Nicht die Aufforderung, zu einem ordnungsgemäßen Zustand zurückzukehren, bedeutete eine „völlige Kehrtwendung Noskes", wie Dähnhardt, Revolution, S. 112, meint, sondern sein Entschluss, die machtentblößte Gouverneurs-Position mit dem politischen Gewicht seiner Person aufzuwerten, war wohl der entscheidende Schritt zur fortan verfolgten Eindämmungspolitik.

100 Zu den Kompetenzen des Gouverneurs siehe ebda., S. 17–23.

101 Texte in: Huber, Dokumente I, S. 414 ff. und II, S. 304.

102 Zu dessen Aufgaben vgl. Deist, Institution, S. 223.

103 Nach der Schilderung von Noske, Kiel bis Kapp, S. 25.

104 Popp, Ursprung, S. 26.

105 BA-MA RM 8/1010, Bl. 196.

106 Wiedergabe dieses Telegramms in: Militär und Innenpolitik II, Dok. 508, S. 1381, Anm. 1.

107 Text des Flugblatts Noskes vom 7. 11. 1918, ebda., S. 1381–1384.

108 Ebda., S. 1383.

109 Ebda.

110 Gouvernements-Tagesbefehl Nr. 1 vom 7. 11. 1918, BA-MA RM 31/v. 2394, Bl. 2, Faksimile dieses Dokuments in: Dähnhardt, Revolution, S. 49; Wiederabdruck auch in: Popp, Ursprung, S. 27 ff., und in: Ursachen und Folgen, Bd. 2, S. 517 f.

111 Vgl. Noske, Kiel bis Kapp, S. 25; zum Zusammenhang vgl. Dähnhardt, Revolution, S. 122 und 138 ff.

112 In einem Telefonat mit Scheidemann am Abend des 6. 11. klagte Noske, dass er fast zusammenbreche. Siehe: Regierung Max von Baden, Nr. 131a, S. 554.

113 Dies traf den Sachverhalt, wie gezeigt wurde, nicht vollständig. Noske „musste" nur insoweit, als er selbst die Übernahme des Gouverneurpostens für politisch erforderlich hielt.

114 Max von Baden, Erinnerungen, S. 548 und 599.

115 Ebda., S. 603.

116 Noske, Erlebtes, S. 70 f.
117 Noske, Kiel bis Kapp, S. 26.
118 Dähnhardt, Revolution, S. 186.
119 Letztgenannte Beispiele aus dem Gouvernements- und Stations-Tagesbefehl Nr. 5 vom 12. 11. 1918, BA-MA RM 31/v. 2394, Bl. 7.
120 Gouvernements-Tagesbefehle Nr. 1 vom 7. 11. 1918 und Nr. 2 vom 9. 11. 1918, BA-MA RM 31/v. 2394, Bl. 2 f.
121 Siehe die Punkte 10 und 11 der 14 „Kieler Punkte", in denen es hieß: „Es gibt außer Dienst keine Vorgesetzten mehr." „Unbeschränkte persönliche Freiheit jedes Mannes von Beendigung des Dienstes bis zum Beginn des nächsten Dienstes." Siehe Popp, Ursprung, S. 22.
122 Einzelheiten siehe: Dähnhardt, Revolution, S. 97–100.
123 Flugblatt Souchons vom 5. 11. 1918. Faksimile, ebda., S. 97.
124 Bericht über die Tätigkeit Goßraus während der Zeit vom 4.–11. 11. 1918, datiert 12. 11. 1918, BA-MA RM 8/1024, Bl. 22–34, hier: Bl. 22 f.; vgl. auch Dähnhardt, Revolution, S. 96.
125 Vgl. das zu dieser Gründung aufrufende Plakat, BA-MA RM 8/1024, Bl. 58.
126 Siehe hierzu das von Noske und Artelt gezeichnete Flugblatt des Kieler Soldatenrats vom 5. 11. 1918. Faksimile in: Dähnhardt, Revolution, S. 96.
127 Vgl. hierzu ausführlicher Wette, Demobilmachung.
128 Dähnhardt, Revolution, S. 120.
129 Zu Meurer vgl. das nachfolgende Kap. 8: Von Noske über Garbe zu Meurer.
130 Befehl des Staatssekretärs des Reichsmarineamts No. A IV 430 vom 4. Februar 1919 an die Stationskommandos in Kiel und in Wilhelmshaven, BA-MA RM 31/v. 1822.
131 Es handelt sich um einen 24 Schreibmaschinenseiten langen Bericht, ebda.; fortan zit: Meurer, Darstellung der Demobilmachung.
132 Zu diesen Erfahrungsberichten siehe ebda.
133 Dähnhardt, Revolution, S. 27, mit Hinweisen auf die statistischen Quellen, auf deren Grundlage diese Zahl errechnet wurde. Noske, Kiel bis Kapp, S. 26, sprach von „über rund 80 000 Soldaten", die seinem Befehl unterstanden. Dazu gehörten allerdings auch Verbände, die im November 1918 nicht in der Garnison Kiel stationiert waren.
134 Dähnhardt, Revolution, S. 28.
135 Offenbar eine zivile Verkehrsbehörde.
136 Schreiben des Transportbüros Kiel an die Kommandantur Kiel vom 3. 7. 1918, BA-MA RM 31/v. 1823.
137 Das Transportbüro wies gleichzeitig darauf hin, dass sich die Zahl der zur Entlassung Anstehenden sogar auf 60 000 erhöhen würde, falls auch die Truppen des Marinekorps aus Flandern in Kiel demobilisiert würden.

138 Hierüber berichtet Popp, Ursprung, S. 26.
139 Meurer, Darstellung der Demobilmachung, S. 1 und 3.
140 Gouvernements-Tagesbefehl Nr. 3 vom 10. 11. 1918, Ziff. 12, BA-MA RM 31/v. 2394, Bl. 4.
141 Gouvernements- und Stations-Tagesbefehl Nr. 6 vom 13. 11. 1918, Ziff. 6, ebda. Bl. 9 f.
142 Gouvernements- und Stations-Tagesbefehl Nr. 7 vom 14. 11. 1918, Ziff. 19, ebda., Bl. 16 f.
143 Wiedergabe in Gouvernements- und Stations-Tagesbefehl Nr. 9 vom 16. 11. 1918, Ziff. 16, ebda., Bl. 26.
144 Bericht der Bahnhofskommandantur Kiel an die Station O vom 9. 4. 1919, BA-MA RM 31/v. 1822.
145 Ebda. ist von täglich zwei Militärsonderzügen die Rede. Noske kündigte im Gouvernements- und Stations-Tagesbefehl Nr. 8 vom 15. 11. 1918, Ziff. 10, den täglichen Einsatz von drei Sonderzügen an, BA-MA RM 31/v. 2394, Bl. 22. Zur Einstellung des Sonderzugverkehrs am 29. 11. 1918 ebda., S. 62.
146 Bericht der Bahnhofskommandantur Kiel, BA-MA RM 31/v. 1822. Meurer, Darstellung der Demobilmachung, S. 9, Kapitel „Abtransport der Entlassenen".
147 Vgl. Gouvernements- und Stations-Tagesbefehl Nr. 7 vom 14. 11. 1918, Ziff. 20, 25, 26, sowie Nr. 9 vom 16. 11. 1918, Ziff. 12, BA-MA RM 31/v. 2394, Bl. 16–19 und 25.
148 Meurer, Darstellung der Demobilmachung, S. 4.
149 Ebda., S. 10, Abschnitt „Verluste an Verwaltungsunterlagen".
150 Wiedergabe der Richtlinien in: Gouvernements- und Stations-Tagesbefehl Nr. 9 vom 16. 11. 1918, Ziff. 16, BA-MA RM 31/v. 2394, Bl. 26.
151 Bericht vom 15. 3. 1919, BA-MA RM 31/v. 1822.
152 Im Gouvernements- und Stations-Tagesbefehl Nr. 13 vom 20. 11. 1918, Ziff. 18, waren Tagesmitteilungen über die Demobilmachung angeordnet worden. Der Befehl Nr. 16 vom 22. 11. 1918 (II. Ausgabe), Ziff. IX, enthielt die Anordnung der 14-tägigen Übersichten, BA-MA RM 31/v. 2394, Bl. 46 und 51.
153 Meurer, Darstellung der Demobilmachung, Abschn. „Berichterstattung".
154 Bericht der Inspektion des Torpedowesens über die Demobilmachung vom 29. 3. 1919, BA-MA RM 31/v. 1822.
155 Das Marine-Transportbüro meldete am 3. 12. 1918, in der Zeit vom 16.–30. 11. 1918 seien 13 618 entlassene Mannschaften abtransportiert worden. Es seien jedoch wesentlich mehr Leute abgefahren, die von den Marineteilen nicht zum Transport angemeldet wurden, BA-MA RM 31/v. 1807.
156 Gouvernements- und Stations-Tagesbefehl Nr. 28 vom 4. 12. 1918, Anlage Ziff. 2, BA-MA RM 31/v. 2349, Bl. 81.

157 Geschätzt nach dem lückenhaften Zahlenmaterial in den Demobilmachungs-Spezial-Akten des Kaiserlichen Kommandos der Marinestation der Ostsee, BA-MA RM 31/v. 1807.

158 Meurer, Darstellung der Demobilmachung, berichtet S. 5: „Es befinden sich also nach dem 31. III. (1919) außer Berufssoldaten, zur Abwickelung Zurückbehaltenen und Angehörigen der Freiwilligenverbände nur noch Mannschaften, die 1918 eingestellt wurden, im Dienst."

159 Zu Riefstahl vgl. unten, Kap. 9.

160 Vgl. dazu unten, Kap. 7.

161 Verfügung Reichswehrminister Noske vom 23. 2. 1919, BA-MA RM 23/6, Bl. 15.

162 Kraschutzki, Arbeiter- und Soldatenrat, S. 17. Zur Persönlichkeit dieses Marineoffiziers Heinz Kraschutzki vgl. Donat, Kraschutzki.

163 Gouvernements- und Stations-Tagesbefehl Nr. 25 vom 1. 12. 1918, Ziff. 4, BA-MA RM 31/v. 2394, Bl. 73.

164 Noske, Kiel bis Kapp, S. 51.

165 Zum Verhältnis Noskes zu den Deckoffizieren vgl. unten, Kap. 7.

166 Einladung zu dieser Sitzung im Gouvernements- und Stations-Tagesbefehl vom 15. 12. 1918, BA-MA RM 31/v. 2394, Bl. 122.

167 Noske, Kiel bis Kapp, S. 51.

168 Gouvernements- und Stations-Tagesbefehl Nr. 50 vom 26. 12. 1918, BA-MA RM 31/v. 2394, Bl. 148.

169 Ebda., Ziff. IV.

170 Gouvernements- und Stations-Tagesbefehl Nr. 51 vom 27. 12. 1918, ebda., Bl. 149.

171 Noske, Kiel bis Kapp, S. 51 f.

172 Vgl. den Gouvernements- und Stations-Tagesbefehl Nr. 4 vom 4. 1. 1919, BA-MA RM 5/v. 3627.

173 Karl Artelt wurde nach dem Rücktritt von Popp am 11. 12. 1918 dessen Nachfolger. Siehe den Gouvernements- und Stations-Tagesbefehl Nr. 35 vom 11. 12. 1918, BA-MA RM 31/v. 2394, Bl. 105. Artelt blieb nur bis zum 4. 1. 1919 im Amt.

174 Noske, Kiel bis Kapp, S. 52.

175 Ebda.

176 Dähnhardt, Revolution, S. 143 f.

177 Obwohl Noske seit Ende Dezember 1918 in Berlin als Volksbeauftragter tätig war und sich um sein Kieler Gouverneursamt kaum noch kümmern konnte, trugen die Tagesbefehle noch bis zum 10. 1. 1919 seinen Namen. Der neue Gouverneur Garbe teilte am 11. 1. 1919 seine Wahl und Bestätigung in einem Aufruf mit, BA-MA RM 5/v. 3627.

178 Gouvernements- und Stations-Tagesbefehl Nr. 14 vom 14. 1. 1919, ebda.

179 Gouvernements- und Stations-Tagesbefehl Nr. 43 vom 12. 2. 1919 („Umbildung der Sicherheitstruppe"), ebda.

180 Einen lokalen Aufstand von Spartakisten in Kiel (5.–8. 2. 1919) half die Sicherheitswehr niederschlagen. Siehe: Dähnhardt, Revolution, S. 156 f.

181 Zur Dienstgradgruppe der Deckoffiziere siehe die weiteren Ausführungen in diesem Kapitel.

182 Gelegentlich wurde auch der Begriff „Eiserne Division" verwendet, was zu häufigen Verwechslungen mit einem anderen Verband, nämlich der „Eisernen Division" in Kurland, führte. Weiterhin gab es noch eine „Eiserne Flottille" (aufgestellt am 20. 2. 1919; siehe die Bekanntmachung des R.M.A. vom 3. 3. 1919, BA-MA RM 8/36, Bl. 193). Der Begriff „eisern" sollte wohl Ehrgefühl und Standfestigkeit assoziieren und dadurch einen Werbeeffekt erzielen.

183 Vgl. die auf Formales beschränkte Darstellung in: Wirren; sowie die kurzen Hinweise in: Rahn, Reichsmarine, S. 29 f.

184 Dähnhardt, Revolution, S. 143, Anm. 609, vermerkt die Existenz der Eisernen Brigade lediglich in einer Fußnote.

185 Kurzgefasste Aufgabenbeschreibung der Deckoffiziere in: Rahn, Reichsmarine, S. 251 f.; zu den Auseinandersetzungen über ihren Status vgl. Herwig, Elitekorps, 6. Kapitel „Das Deckoffizierkorps", S. 110–124.

186 Deckoffiziere, S. 99.

187 Herwig, Elitekorps, S. 118.

188 Emil Alboldt war langjähriger Vorsitzender des Bundes der Deckoffiziere. Im Jahre 1913 stellte er deren Forderungen in einer Broschüre zusammen. Sie hatte den Titel: Die soziale und wirtschaftliche Lage der Deckoffiziere und ihre Bedeutung für die Schlagfertigkeit unserer Flotte. Als Manuskript gedruckte Broschüre des Deckoffizierbundes, Kiel 1913. Wiederabdruck in: Kässner, Geschichte.

189 Verhandlungen RT, Bd. 288, 3. 3. 1913, S. 4204.

190 Herwig, Elitekorps, S. 120.

191 Ebda., S. 122.

192 Herwig, Elitekorps, S. 124.

193 Rahn, Reichsmarine, S. 251; zu dieser Entwicklung vgl. auch Herwig, Elitekorps, Kapitel 7 „Trotz Krieg: Die Schranken fallen nicht", S. 125–139.

194 So Emil Alboldt in den 20er Jahren vor dem Untersuchungsausschuss des Reichstages. Siehe: WUA 4. R. Bd. X/1, S. 216. Alboldts gutachtliche Aussage wurde hernach auch separat publiziert: Alboldt, Tragödie.

195 WUA 4. R. Bd. X/1, S. 216.

196 Deckoffiziere, S. 123.

197 Herwig, Elitekorps, S. 200 f.

198 Deckoffiziere, S. 123.

199 Auszüge aus dieser ansonsten nicht belegten Rede Noskes, ebda., S. 122.

200 Ebda., S. 122 f.

201 Noske, Kiel bis Kapp, S. 52. Es ist nicht mit letzter Sicherheit auszuschließen, dass es sich um dieselbe Versammlung handelte, von der oben bereits die Rede war.
202 Ebda.
203 Auch diese Information nach Noske, Kiel bis Kapp, S. 52. Popp, Ursprung, erwähnt diese Unteroffizier-Versammlung nicht.
204 Ausführungen Alboldts in einer Sitzung des Obersten Soldatenrats Kiel mit dem Deckoffizier- und dem Unteroffizierbund am 10. 3. 1919, BA-MA RM 8/1028 Bl. 110.
205 Bericht von Leutnant (Ing.) a. D. Wilhelm Reinhard über die im März 1919 in Berlin mitgemachten Kämpfe der Marinebrigade von Roden, verfasst im Juni 1934, BA-MA RM 8/145, Bl. 3–44, hier: Bl. 8 f.
206 Undatierte, wahrscheinlich im August 1919 verfasste Stellungnahme von KonteradmiralKüsel zu dem Gesuch des Deckoffizierbundes wegen Aufnahme der Deckoffiziere in den Offizier-Hilfsbund, BA-MA 8/1028, Bl. 23. Wegen des Verhaltens der Deckoffiziere nach der Revolution sah Küsel übrigens keine Veranlassung, sich für ihre Aufnahme in den Offizier-Hilfsbund einzusetzen.
207 Noske, Kiel bis Kapp, S. 52.
208 Ebda.
209 Verhandlungen NV, Bd. 326, 25. 2. 1919, S. 306.
210 Diese Information ist enthalten in dem Gedenkartikel: Noske, Nach dem Tode. Presseausschnitt in BA NL 46, Nr. 9, Dok. 19.
211 Deckoffiziere, S. 124 f.; vgl. auch die Darstellung des ehemaligen Oberdeckoffiziers Kässner, Geschichte, S. 116 f.
212 Deckoffiziere, S. 124 f.
213 Ebda.
214 Wirren, S. 47.
215 Vgl. Kässner, Geschichte, S. 117 f.
216 Schulze, Freikorps, S. 26; Wirren, S. 47.
217 Konkrete Abmachungen hatte es nicht gegeben, wohl aber eine offizielle Vollmacht des Kapitäns z.S. Roehr, in der von „Grenzschutz im Osten“ die Rede war. Siehe Kässner, Geschichte, S. 117.
218 Text des Protestschreibens des Kieler Obersten Soldatenrats an den Volksbeauftragten Noske vom 8. 1. 1919, in: Zentralrat, Nr. 51, S. 416, Anm. 20.
219 Wirren, Anlage 2, S. 215 und 48.
220 Die folgenden Angaben nach dem schriftlichen Bericht eines Majors v. Menges über die I. Marine-Brigade, BA-MA RM 122/71, Bl. I–5; vgl. auch Kässner, Geschichte, S. 119 f., 122 ff.; Noske, Kiel bis Kapp, S. 72 f.; Wohlfeil, Heer und Republik, Abschn. VI, S. 58.
221 Verhandlungen NV, Bd. 326, 25. 2. 1919, S. 306.
222 Rede Noskes ebda., S. 308.

223 Ebda.
224 Noske, Kiel bis Kapp, S. 52.
225 Diesen Begriff prägte Dittmann, Marine-Justizmorde.
226 Herwig, Elitekorps, Kapitel „Das Seeoffizierkorps", S. 59–84, hier: S. 83 und S. 203; siehe ebenso: Dülffer, Reichs- und Kriegsmarine, Abschn. VIII, S. 341.
227 Herwig, Elitekorps, S. 203.
228 Korvettenkapitän Düms vom Stationskommando Kiel teilte dem Reichsmarineamt am 8. 11. 1918 telefonisch hierzu Folgendes mit: „Zunehmender Fortgang von Offizieren von Kiel sehr schädlich, da die an und für sich geringe Zahl von Personen, die Umstürzlern gegenüber Gegengewicht bilden, immer kleiner und so ersprießliche Zusammenarbeit immer schwieriger wird." BA-MA RM 8/1010, Bl. 224.
229 Herwig, Elitekorps, S. 199.
230 Vgl. Dähnhardt, Revolution, S. 126; Dülffer, Reichs- und Kriegsmarine, S. 338.
231 So hieß es im 12. der 14 Kieler Punkte. Text in: Popp, Ursprung, S. 21 f., hier: S. 22.
232 Herwig, Elitekorps, S. 200.
233 BA-MA RM 31/v. 2388, Bl. 553 f., Anlage zum KTB der Station O.
234 Niederschrift eines Ferngesprächs des RMA mit Korvettenkapitän Düms, Stationskommando Kiel, vom 8. 11. 1918, 21 Uhr, BA-MA RM 8/1010, Bl. 224. Düms war Referent der Abwehrabteilung Ic der Marinestation Ostsee und übermittelte in dieser Funktion laufend Nachrichten aus Kiel an das Reichsmarineamt.
235 Noske, Kiel bis Kapp, S. 18.
236 Dähnhardt, Revolution, S. 124.
237 Kluge, Soldatenräte, S. 43.
238 Dähnhardt, Revolution, S. 112.
239 Die Richtlinien wurden veröffentlicht als Anlage zum Gouvernements-Tagesbefehl Nr. 3 vom 10. 11. 1918, BA-MA RM 31/v. 2395, Bl. 5. Wörtiche Wiedergabe auch in: Dähnhardt, Revolution, S. 127 f.; zu den Verhandlungen zwischen Noske, den Offizieren und dem Soldatenrat vgl. KTB Station O, Eintragungen am 8., 9., 18. und 20. 11. 1918, BA-MA RM 31/v. 2388, Bl. 549, 551 f., 565–568.
240 Aufstellung des Befehlshabers der Sicherung der Ostsee vom 26. 11. 1918 über „das Verhalten sämtlicher mir bei Beginn der Novemberrevolution unterstellt gewesenen Offiziere", BA-MA RM 8/1009, Bl. 64–69.
241 Vgl. Forstmeier, Vor sechzig Jahren.
242 Vgl. den Bericht von Konteradmiral Küsel, BA-MA RM 8/1026, Bl. 64 f.
243 Wie die 3. Marinebrigade von Loewenfeld erstand, BA-MA RM 122/116, Bl. 110.

244 Vgl. zu diesem Konflikt BA-MA RM 8/1027, Bl. 123–148.
245 Ebda., Bl. 3.
246 Vgl. den Text der Einladung zur „Offiziersversammlung der Seeoffiziere“ in Kiel am 25. 11. 1918, BA-MA RM 8/1024, Bl. 29.
247 So drückte sich Loewenfeld in seiner späteren Aufzeichnung (1934) aus: Wie die 3. Marinebrigade von Loewenfeld erstand, BA-MA RM 122/116, Bl. 111 f.
248 Handschriftliche „Darstellung der Benachrichtigungsorganisation für Offiziere. Aufgestellt Nov./Dez. 1918“, von Korvettenkapitän Joachim Schaper, datiert: Kiel, den 24. 4. 1919, BA-MA RM 8/1028, Bl. 14–15.
249 Vgl. Aufzeichnung Loewenfelds: Wie die 3. Marinebrigade von Loewenfeld erstand, BA-MA RM 122/116, Bl. 111.
250 Siehe die Gouvernements- und Stations-Tagesbefehle der Monate November und Dezember 1918, BA-MA RM 31/v. 2394, Bl. 56, 66, 74 f., 108.
251 Gouvernements- und Stations-Tagesbefehl Nr. 25 vom 1. 12. 1918, ebda., Bl. 74.
252 So in der 1934 geschriebenen Aufzeichnung „Wie die 3. (Freiwillige) Marinebrigade von Loewenfeld erstand“, BA-MA RM 122/116, Bl. 107–133, hier: Bl. 112.
253 Vgl. ebda., Bl. 108–112.
254 Loewenfeld, Freikorps, S. 149.
255 Die 3. Marinebrigade, S. 4 f., die Namen weiterer Mitarbeiter nennt Loewenfeld in seiner Aufzeichnung von 1934: Wie die 3. Marinebrigade von Loewenfeld erstand, BA-MA RM 122/116, Bl. 111.
256 Genaue Dienstbezeichnung: Chef der Abwehr im Oberkommando der Wehrmacht (OKW).
257 Vgl. das von Canaris als Kommandant geführte Kriegstagebuch von UB-128, das zur Pola-Flottille gehörte, BA-MA RM 97/1648. Vgl. auch die Schilderung des damaligen Kommandanten des U-Bootes UC 67, Niemöller, Vom U-Boot, S. 140 f. Niemöller betont seine damalige Verachtung für Soldatenräte und rote Fahnen. Weiter berichtet er, der neue Gouverneur Noske sei von den U-Boot-Besatzungen kaum beachtet worden.
258 Noske, Kiel bis Kapp, S. 45.
259 So genannt nach dem Stützpunkt Pola (heute Pula) an der Südküste Istriens, das damals zu Österreich gehörte.
260 Noske, Kiel bis Kapp, S. 45.
261 Ebda. S. 46.
262 Diese Feststellung generalisierend bei Dülffer, Reichs- und Kriegsmarine, S. 341. So auch der Bericht von Niemöller, Vom U-Boot, S. 140 f.
263 Höhne, Canaris, S. 57.
264 Ebda., S. 61.

265 Wie die 3. Marinebrigade von Loewenfeld erstand, BA-MA RM 122/116, Bl. 109.
266 Vgl. ebda., Bl. 112. Loewenfeld schloss nicht aus, dass in diesem Fall „die Revolution ins russische Fahrwasser geraten wäre" und ein „Offiziersmorden" begonnen hätte.
267 Vgl. Loewenfeld, Freikorps, S. 150.
268 Wie die 3. Marinebrigade von Loewenfeld erstand, BA-MA RM 122/166, Bl. 115. Diese Offiziere waren später an der Ermordung von Liebknecht und Luxemburg beteiligt.
269 Ebda., Bl. 116 f.
270 Die 3. Marinebrigade, S. 6.
271 Wie die 3. Marinebrigade von Loewenfeld erstand, BA-MA RM 122/116, Bl. 117. Die Vollmacht selbst ist in den Akten nicht enthalten.
272 Loewenfeld, Freikorps, S. 149.
273 Bericht des Fregattenkapitäns v. Loewenfeld über die 3. Marinebrigade (v. Loewenfeld), ihre Gründung und ihre Tätigkeit bis zur Auflösung, BA-MA RM 8/1013, Bl. 42a.
274 Gemeint ist die „Revolutionstreue Sicherheitstruppe Kiel".
275 Bericht des Fregattenkapitäns v. Loewenfeld über die 3. Marinebrigade (v. Loewenfeld), ihre Gründung und ihre Tätigkeit bis zur Auflösung, ebda., Bl. 42 und 42a.
276 Wie die 3. Marinebrigade von Loewenfeld erstand, BA-MA RM 122/116, Bl. 126.
277 Beide Briefe zit. von Dähnhardt, Revolution, S. 158, Anm. 676.
278 Ebda., S. 144.
279 Wie die 3. Marinebrigade von Loewenfeld erstand, BA-MA RM 122/166, Bl. 109. Hsl. Vollmacht für die Aufstellung der Marinebrigade Ehrhardt in Wilhelmshaven vom 24. 1. 1919 mit den Unterschriften von Noske, Giebel und Raeder siehe BA-MA RM 8/1022, Bl. 119.
280 Nach dem „Bericht des Fregattenkapitäns v. Loewenfeld über die 3. Marinebrigade (v. Loewenfeld), ihre Gründung und ihre Tätigkeit bis zur Auflösung", BA-MA RM 8/1013, Bl. 42a
281 BA-MA RM 122/71, Bl. 6.
282 Die 3. Marinebrigade, S. 7.
283 Wirren, S. 215. Ebenso „Bericht des Fregattenkapitäns v. Loewenfeld über die 3. Marinebrigade (v. Loewenfeld), ihre Gründung und ihre Tätigkeit bis zur Auflösung", BA-MA RM 8/1013, Bl. 42–52, hier: Bl. 43.
284 Dülffer, Reichs- und Kriegsmarine, S. 352. Zur personellen Zusammensetzung vgl. auch BA-MA RM 122/71, Bl. 6.
285 Vgl. diesbezügliche Hinweise von Konteradmiral Küsel, BA-MA RM 8/1028, Bl. 23; sowie die Schilderung der konfliktreichen Zusammenarbeit zwischen Deckoffizierbund und SOVO bei Loewenfeld: Wie die 3.

Marinebrigade von Loewenfeld erstand, BA-MA RM 122/116, Bl. 110 ff. Loewenfeld berichtet (ebda., Bl. 110), trotz aller Kontroversen habe Alboldt „in allem, was das spätere Freikorps anging, zu mir und meinen Mitarbeitern gehalten". Er fügte hinzu: „Dass ich und meine Herren im Grunde gegenrevolutionäre Ziele verfolgten, wurde ihm natürlich von uns verschwiegen, denn es war klar, dass er dafür kein Verständnis gehabt hätte."

286 Dähnhardt, Revolution, S. 159.

287 Ebda., S. 159, konstatiert Dähnhardt ein Abrücken Noskes von seiner in Kiel verfolgten Politik der Kompromissbereitschaft.

288 Vgl. die verschiedenen, in den vorherigen Anmerkungen zitierten Selbstdarstellungen Loewenfelds; sowie die entsprechenden Passagen in: Wirren.

289 Vgl. Wirren, S. 215, sowie Wette, Noske, Abschn. XI.

290 Hier wäre zu erinnern an die folgenden Punkte: 2. Vollständige Rede- und Pressefreiheit. 3. Aufhebung der Briefzensur. 4. Sachgemäße Behandlung der Mannschaften durch Vorgesetzte. 10. Es gibt außer Dienst keine Vorgesetzten mehr. 11. Unbeschränkte persönliche Freiheit jedes Mannes von Beendigung des Dienstes bis zum Beginn des nächsten Dienstes. Die 14 „Kieler Punkte" sind abgedruckt in: Dähnhardt, Revolution, S. 90.

291 Noske, Erlebtes, S. 71.

292 Gouvernements- und Stations-Tagesbefehl Nr. 56 vom 31. 12. 1918, BA-MA RM 31/v. 2394, Bl. 168.

293 Vgl. Wette, Noske, Kap. VI/1, S. 263–272.

294 Dähnhardt, Revolution, S. 156.

295 Zur Frage der Neubesetzung des Gouverneurspostens vgl. Konteradmiral a.D. Küsel, Beitrag zur Geschichte des revolutionären Umsturzes in der Kaiserlichen Marine und in Kiel, BA-MA RM 8/1026, Bl. 65–71; Dähnhardt, Revolution, S. 145 ff.

296 Telegramm des RMA, gez. Rogge, Vogtherr, Wengora, an Marinestation Ostsee vom 1. 1. 1919, BA-MA RM 8/1028, Bl. 31.

297 Konteradmiral a.D. Küsel, Beitrag zur Geschichte des revolutionären Umsturzes in der Kaiserlichen Marine und in Kiel, BA-MA RM 8/1026, Bl. 66.

298 Telegramm Eberts und Scheidemanns an das Stationskommando Kiel vom 7. 1. 1919, BA-MA RM 8/1028, Bl. 32.

299 Dies teilte der Oberste Soldatenrat Kiel der Reichsregierung am 9. 1. 1919 telegrafisch mit. Handschriftl. Telegrammtext in ebda., Bl. 33; Kässner, Geschichte, S. 115, bezeichnet Garbe als „alten biederen Gewerkschaftssekretär", der ähnlich wie Noske von den Radikalen Kiels gehasst wurde, der aber mit dem Deckoffizierbund gut zusammenarbeitete.

300 Telegramm der Reichsregierung an Station Kiel vom 10. 1. 1919, BA-MA RM 8/1028, Bl. 34. In der Sonderausgabe des Gouvernements- und Stations-Tagesbefehls Nr. 11 vom 11. 1. 1919 wurde mitgeteilt, Garbes Wahl sei von der Regierung „bestätigt" worden, BA-MA RM 31/v. 2395.
301 Vermutung Dähnhardts, Revolution, S. 145, Anm. 615.
302 Zu den Kompetenzen des Gouverneurs vgl. oben, Kap. 4.
303 Dähnhardt, Revolution, S. 146.
304 Handschriftliche Aufzeichnung des Ergebnisses dieser Besprechung vom 1. 2. 1919 siehe BA-MA RM 8/1028, Bl. 40.
305 Aufzeichnung Küsels über die Forderung des O.S.R. Kiel vom 27. 2. 1919 ebda. Bl. 69.
306 Ebda.
307 Vgl. hierzu Wette, Noske, Kap. VII/1, S. 333–341.
308 Über diese Verhandlungen wurde in der Sitzung des Obersten Soldatenrates Kiel am 8. 3. 1919 berichtet, Protokoll siehe BA-MA RM 8/1028, Bl. 96–108. Offizielles Protokoll der „Sitzung über die Verhältnisse in Kiel im Reichs-Marine-Amt am 6. März 1919", BA-MA RM 8/1022, Bl. 23–42.
309 Protokoll der Sitzung des O.S.R. Kiel, BA-MA RM 8/1028, Bl. 97.
310 Rannow betrieb in Kiel den organisatorischen Zusammenschluss von Berufssoldaten, die sich zur SPD bekannten. „Vorläufige Richtlinien" dieser Organisation, hsl. unterzeichnet von Rannow, siehe BA-MA RM 8/1022, Bl. 63.
311 Ebda., Bl. 98.
312 Ebda., Bl. 108.
313 Befehl Noskes vom 12. 3. 1919 an die Station O, BA-MA RM 8/1026, Bl. 71 (Aufzeichnungen Kusels). Bekanntmachung in: Gouvernements- und Stations-Tagesbefehl Nr. 73 vom 14. 3. 1919, BA-MA RM 31/v. 2395.
314 RGBl 1919, S. 431 ff.; Bekanntgabe der Umbildung der Ostseestation im neuen „Ostseestationstagesbefehl" Nr. 1 vom 4. 6. 1919, BA-MA RM 31/v. 2395.
315 Zur Demobilmachung vgl. Kap. 5. Die einzelnen Etappen des Niedergangs des Kieler Soldatenrats schildert Dähnhardt, Revolution, S. 150 f. Zur gegen die Räte gerichteten Politik der Reichsregierung vgl. Wette, Noske, Kap. VII/1, S. 333–341.
316 Die Auflösung aller Soldatenräte in Kiel wurde im Ostseestationstagesbefehl Nr. 2 vom 5. 6. 1919 angeordnet, BA-MA RM 31/v. 2395.
317 Vgl. Dähnhardt, Revolution, S. 153.
318 Loewenfeld, Wie die 3. Marinebrigade von Loewenfeld erstand, BA-MA RM 122/116, Bl. 113. Riefstahl hatte sich unter anderem gegen Loewenfelds Methoden zur Anwerbung Freiwilliger für seinen Verband gewandt.

319 Schreiben des Leiters der Marineabwehrabteilung an Konteradmiral a. D. Küsel vom 22. 1. 1934, BA-MA RM 8/1028, Bl. 62.
320 Schreiben Küsels an den Leiter der Marineabwehrabteilung vom 26. 1. 1934, ebda., Bl. 63.
321 Siehe Wette, Militarismus (2008), Abschnitt „Sozialmilitarismus", S. 64–85.
322 Vgl. hierzu im Einzelnen meine Noske-Biographie, Abschnitt IV: Die Politik Noskes als Volksbeauftragter für Heer und Marine, S. 263–332.
323 Vgl. ebda., Abschnitt VIII: Noskes Politik der eisernen Faust 1919, S. 399–460.
324 Vgl. ebda., Abschnitt XI: Der Kapp-Lüttwitz-Putsch und Noskes Rücktritt, S. 627–686.
325 Festrede von Karl Dietrich Erdmann anlässlich der Verleihung des Kieler Kulturpreises am 21.6.1982. Veröffentlicht vom Präsidium der Universität Kiel unter dem Titel: K. D. Erdmann – Kulturpreis 1982. Kiel 1982, S. 48 f.

Quellen- und Literaturverzeichnis

Alboldt, Emil, Die Tragödie der alten deutschen Marine, Berlin 1928.
Dähnhardt, Dirk, Revolution in Kiel. Der Übergang vom Kaiserreich zur Weimarer Republik 1918/19, Neumünster 1978 (= Mitteilungen der Gesellschaft für Kieler Stadtgeschichte, Bd. 64).
Deckoffiziere der deutschen Marine. Ihre Geschichte 1848–1933. Hrsg. vom Bund der Deckoffiziere, Berlin 1933.
Deist, Wilhelm, Die Politik der Seekriegsleitung und die Rebellion der Flotte Ende Oktober 1918. In: VfZG 14 (1966), S. 341–368.
Deist, Wilhelm, Zur Institution des Militärbefehlshabers und Obermilitärbefehlshabers im Ersten Weltkrieg. In: Jahrbuch für die Geschichte Mittel- und Ostdeutschlands 13/14 (1965), S. 222–240.
Der Zentralrat der Deutschen sozialistischen Republik 19. 12. 1918–8. 4. 1919. Vom ersten zum zweiten Rätekongreß. Bearb. von Eberhard Kolb unter Mitw. von Reinhard Rürup, Leiden 1968.
Die 3. Marinebrigade von Loewenfeld 1919/20. Hrsg. v. d. Kameradschaft der 3. Marinebrigade, Kiel 1963.
Die Wirren in der Reichshauptstadt und im nördlichen Deutschland 1918–1920, Berlin 1940.
Die Regierung des Prinzen Max von Baden (1918). Bearb. von Erich Matthias und Rudolf Morsey. Düsseldorf 1962 (= Quellen zur Geschichte des Par-

lamentarismus und der politischen Parteien: Reihe 1, Von der konstitutionellen Monarchie zur parlamentarischen Republik, 2).

Dittmann, Wilhelm, Die Marine-Justizmorde von 1917 und die Admirals-Rebellion von 1918, Berlin 1926.

Donat, Helmut: Kapitänleutnant a.D. Heinz Kraschutzki (1871–1982). Ein Offizier im Kampf um ein „anderes Deutschland". In: Wolfram Wette (Hrsg.) unter Mitarbeit von Helmut Donat, Pazifistische Offiziere in Deutschland 1871–1933. Bremen 1999, S. 339–362.

Dülffer, Jost, Die Reichs- und Kriegsmarine 1918–1939 (= Handbuch zur deutschen Militärgeschichte 1648–1939, hrsg. vom Militärgeschichtlichen Forschungsamt, Bd. 5), München 1979 (auch Nachdruck Herrsching 1983).

Forstmeier, Friedrich, Vor sechzig Jahren. Die „Brigade Loewenfeld". In: Marine-Rundschau 76 (1979). S. 634 f.

Habek, Robert/Andrea Paluch/Frank Trende, 1918. Revolution in Kiel. Heide 2008 (= Sonderveröffentlichungen der Gesellschaft für Kieler Stadtgeschichte, hrsg. v. Jürgen Jensen, Bd. 61).

Haußmann, Conrad, Schlaglichter. Reichstagsbriefe und Aufzeichnungen. Hrsg. von Ulrich Zeller, Frankfurt a.M. 1924.

Herwig, Holger H., Das Elitekorps des Kaisers. Die Marineoffiziere im Wilhelminischen Deutschland, Hamburg 1977.

Höhne, Heinz, Canaris. Patriot im Zwielicht, München 1976.

Huber, Ernst Rudolf (Hrsg.), Dokumente zur deutschen Verfassungsgeschichte, 3 Bde, Stuttgart, Berlin, Köln, Mainz 1961–1966.

Kässner, Paul, Zur Geschichte der Deckoffizierbewegung, des Deckoffizierbundes und des Bundes der Deckoffiziere, Altona o.J. [1932].

Kluge, Ulrich, Soldatenräte und Revolution. Studien zur Militärpolitik in Deutschland 1918/19, Göttingen 1975 (= Kritische Studien zur Geschichtswissenschaft, Bd. 14).

Kraschutzki, Heinz, Im Arbeiter- und Soldatenrat Bremerhaven November 1918–Januar 1919, Masch. Manuskript vom 5. 1. 1982.

Loewenfeld, Wilfried von, Das Freikorps von Loewenfeld. Der letzte Tag der Brigade. In: Hans Roden (Hrsg.), Deutsche Soldaten, Leipzig 1935, S. 149–158.

Militär und Innenpolitik im Weltkrieg 1914–1918. Bearb. von Wilhelm Deist, 2 Bde, Düsseldorf 1970 (= Quellen zur Geschichte des Parlamentarismus und der politischen Parteien, 2. Reihe, Bd. 1.2).

Niemöller, Martin, Vom U-Boot zur Kanzel, Berlin 1934.

Noske, Gustav, Nach dem Tode des Reichspräsidenten. Dem gemeuchelten Freunde! Ein Gedenkwort. In: Echo am Montag, Hannover, Nr. 14 vom 2. 3. 1925, S. 1.

Noske, Gustav, Von Kiel bis Kapp. Zur Geschichte der deutschen Revolution, Berlin 1920.

Noske, Gustav, Wie ich wurde. Selbstbiographien volkstümlicher Persönlichkeiten, Berlin 1919.
Noske, Gustav, Erlebtes aus Aufstieg und Niedergang einer Demokratie, Offenbach/Main 1947.
Payer, Friedrich von, Die Reichskanzlerschaft des Prinzen Max von Baden. In: Friedrich Ebert und seine Zeit, Charlottenburg o.J. [ca. 1925], S. 87–126.
Popp, Lothar, Ursprung und Entwicklung der November-Revolution 1918, Kiel o. J. [1919].
Prinz Max von Baden, Erinnerungen und Dokumente, Stuttgart usw. 1927.
Rahn, Werner, Führungsprobleme und Zusammenbruch der Kaiserlichen Marine 1917/18. In: Die deutsche Marine. Historisches Selbstverständnis und Standortbestimmung, Herford, Bonn 1983, S. 171–189.
Rahn, Werner, Reichsmarine und Landesverteidigung 1919–1928. Konzeption und Führung der Marine in der Weimarer Republik, München 1976.
Scheidemann, Philipp, Der Zusammenbruch, Berlin 1921.
Scheidemann, Philipp, Memoiren eines Sozialdemokraten, 2 Bde, Dresden 1928.
Schmidt, Ernst-Heinrich, Heimatheer und Revolution. Die militärischen Gewalten im Heimatgebiet zwischen Oktoberreform und Novemberrevolution, Stuttgart 1981.
Schulze, Hagen, Freikorps und Republik 1918–1920, Boppard a. Rh. 1969.
Schwarz, Max, MdR, Biographisches Handbuch der Reichstage, Hannover 1965.
Stenographische Berichte über die Verhandlungen des Deutschen Reichstages, Bde 215–325, Berlin 1906–1918.
Ullrich, Volker, Die Revolution von 1918/19. München 2009.
Ursachen und Folgen. Vom deutschen Zusammenbruch 1918 und 1945 bis zur staatlichen Neuordnung Deutschlands in der Gegenwart. Eine Urkunden- und Dokumentensammlung zur Zeitgeschichte. Hrsg. u. bearb. v. Herbert Michaelis u. Ernst Schraepler unter Mitw. v. Günter Scheel, 26 Bde und 2 Registerbde, Berlin 1958–1979.
Verhandlungen der verfassungsgebenden Deutschen Nationalversammlung. Stenographische Berichte 1919–20, Bde 326–343, Berlin 1920.
Wette, Wolfram, Die militärische Demobilmachung in Deutschland 1918/19 unter besonderer Berücksichtigung der revolutionären Ostseestadt Kiel. In: Geschichte und Gesellschaft 12 (1986), H. 1, S. 63–80.
Ders.: Gustav Noske. Eine politische Biographie. Düsseldorf 1987, 876 S., 2. unv. Aufl. 1988.
Ders.: „Bluthund" oder „Retter" – das unbestimmte Bild Gustav Noskes. Der Versuch einer Annäherung an einen umstrittenen Sozialdemokraten. In: Frankfurter Rundschau Nr. 265, 14.11.1987, S. 12. Dokumentation.
Ders.: Reichstag und „Kriegsgewinnlerei" (1916–1918). Die Anfänge parlamentarischer Rüstungskontrolle in Deutschland. In: Militärgeschichtliche Mitteilungen 36 (1984), S. 31–56, sowie in: Lehren aus der Geschichte?

Historische Friedensforschung. Red. Reiner Steinweg. Frankfurt/M. 1990 (= Friedensanalysen 23), S. 117–159.
Ders.: Die Revolution in Kiel. In: Geschichte der Stadt Kiel. Hrsg. von Jürgen Jensen und Peter Wulf. Neumüster 1991, S. 287–294.
Ders.: Gustav Noske [Kurzbiographie]. In: Demokratische Wege. Deutsche Lebensläufe aus fünf Jahrhunderten. Ein Lexikon. Hrsg. von Manfred Asendorf und Rolf von Bockel. Stuttgart, Weimar 1997, S. 457–458.
Ders.: Noske-Ära: Die vertane Chance, mit dem preußisch-deutschen Militarismus zu brechen. In: Rainer Butenschön, Eckart Spoo (Hrsg.), Wozu muss einer der Bluthund sein? Der Mehrheitssozialdemokrat Gustav Noske und der deutsche Militarismus des 20. Jahrhunderts. Heilbronn 1997, S. 27–37.
Ders.: Gustav Noske. In: Neue Deutsche Biographie. Hrsg. von der Historischen Kommission bei der Bayerischen Akademie der Wissenschaften. 19. Bd. Berlin 1998, S. 347–348.
Ders.: Gustav Noske (1886–1946). In: Michael Fröhlich (Hrsg.): Die Weimarer Republik. Portrait einer Epoche in Biographien. Darmstadt 2002, S. 129–138.
Ders.: Militarismus in Deutschland. Geschichte einer kriegerischen Kultur. Darmstadt 2008.
Wohlfeil, Rainer, Heer und Republik (= Handbuch zur deutschen Militärgeschichte 1648–1939, hrsg. vom Militärgeschichtlichen Forschungsamt, Bd. 3), Frankfurt/M. 1979 (auch Nachdruck 1983).

Personenregister

Erstveröffentlichungsnachweis und Danksagung

Der Abschnitt II dieses Buches stellt die überarbeitete Fassung des Kapitels „Die Kieler Mission“ meines Werkes „Gustav Noske. Eine politische Biographie“ dar. Es erschien 1987 im Droste Verlag, Düsseldorf, in erster und 1988 in zweiter Auflage. Auch diese ist seit langem vergriffen. Das Manuskript verfasste ich in meiner Eigenschaft als Historiker im Militärgeschichtlichen Forschungsamt (MGFA) in Freiburg. Der wissenschaftliche Arbeitsauftrag dazu ging zurück auf eine Anweisung des damaligen Bundesministers der Verteidigung Georg Leber.

Dem MGFA, vertreten durch dessen Amtschef Oberst Dr. Hans Ehlert, Potsdam, danke ich für die am 11. November 2009 erteilte Genehmigung zur Wiederverwendung des Textes. Von Herrn Dr. Jürgen Jensen, Gesellschaft für Kieler Stadtgeschichte, ging die Anregung aus, den Text „Die Kieler Mission“ in einer erweiterten Form neu herauszugeben.